KB275567

미래를 예측하는 힘

차례
Contents

미래예측과 미래학은 왜 중요한가

인간에게 미래는 어떤 의미인가

　미래를 미리 내다볼 수 있다면 얼마나 좋을까 하는 생각은 누구나 한 번쯤은 해 봤을 법하다. 먼 미래가 아니더라도 1년 후 아니 단 1개월 앞이라도 내다볼 수 있는 능력이 있다면, 우리의 삶은 그야말로 180도 달라질 것이다. 하지만 내일은커녕 당장 한 시간 앞의 미래도 알 수 없는 것이 인간이다. 그러다 보니 미래를 알고 싶은 욕망은 근원적인 욕망으로 우리 속에 잠재되어 있다.

　요즘 경제가 좋지 않아 전에 없는 불황이 계속되고 있지만 그래도 유명한 점집이나 사주카페를 찾는 사람은 적지 않다.

사업이 안 되고 살림살이도 위축되다 보니 앞으로 뭘 하면 좋을지, 장차 사업은 잘 풀릴지 등 자신의 미래에 대해 누군가에게 물어보고 싶은 것이다. 연애를 하는 청춘 남녀들은 현재의 관계가 계속될지 그리고 결국 결혼에까지 이르게 될지, 언제쯤 결혼하게 될지 등에 대해 지대한 관심을 갖는다. 미아리 고개 쪽의 오래된 점집들뿐만 아니라, 요즘에는 최신 유행을 선도하는 강남 일대에도 신세대를 대상으로 성업 중인 사주카페가 많다. 젊은이들 사이에는 서양 점성술이나 타로도 인기가 있다. 사주, 팔자, 운세, 궁합을 보러 가는 사람들은 하나같이 자신의 미래 모습을 살짝 엿보고 싶은 마음에서일 것이다. 이렇게 미래를 내다보고 싶은 마음은 인지상정이다.

미래에 대한 관심은 비단 우리나라 사람들만의 것은 아니다. 합리성과 과학정신이 사회 깊숙이 뿌리내리고 있는 서유럽사회에서도 미래에 대한 관심은 우리만큼이나 지대하다. 서양사회에서는 별점이나 타로(Tarot)[1]가 일반인들에게 생활의 일부가 돼 버렸다. 일간지, 주간지, 스포츠 신문에는 별점에 의한 운세란이 고정코너로 연재된다. 이를 '호로스코프(Horoscope)'라고 부른다. 호로스코프란 일종의 점성술인데, 황도 전체를 30도씩 12등분하여 각각에 대해 별자리의 이름을 붙인 십이궁을 바탕으로 점을 보는 것이다. 춘분점(春分點)이 위치한 물고기자리부터 양자리, 황소자리, 쌍둥이자리, 게자리, 사자자리, 처녀자리, 천칭자리, 전갈자리, 궁수자리, 염소자리, 물병자리 등 12별자리를 태어난 날에 비추어 인간의 운명이나 장래를 점치는 방법이다. 가장 오래된 점성술은 기원전부터 있었다고 하는데, 오늘날에는 호로스코프가 일일운세, 주간운세, 평생운세 등을 점치는 매우 체계적인 별점으로 자리 잡고 있다.

데카르트의 나라 프랑스에서도 별자리 운세는 단순한 호기심 차원을 넘어 그들의 일상생활과 함께 한다. 파리 지하철을 이용하는 많은 파리지앵들은 신문이나 주간지의 운세란을 보며 혼자 미소 짓거나 심각한 표정을 짓곤 한다. 이렇게 동서고금을 막론하고 미래에 대한 인간의 관심은 지대하기만 하다. 왜 이렇게 미래에 대한 관심이 큰 걸까.

우리가 사용하는 단어 중에는 '사이 간(間)'자가 들어간 중요한 단어가 3개 있다. 바로 인간(人間), 시간(時間), 공간(空間)이다. '사이 간'자는 연속성과 관계를 의미한다. '인간'이라는 단어에는 사람과 사람 사이의 관계가 중요하다는 사회성의 의미가 담겨 있다. 인간은 혼자 살 수는 없으며 다른 사람과 관계를 맺으면서 사는 사회적 동물이다. '시간'과 '공간'이라는 단어는 연결과 연속성의 의미를 함축하고 있다. 시간과 공간은 인간이 살아가는 씨줄과 날줄이 되는 터전이다.

사족이지만 일상적인 언어생활에서 우리는 시간이라는 말과 시각이라는 말을 혼동해서 사용하는 경우가 많다. 가령 '지금 시간이 어떻게 되냐고 묻는 것은 잘못된 어법이다. 고정된 일정한 순간을 이야기할 때는 시간이 아니라 시각이 맞다. 따라서 '지금 시각이 어떻게 되느냐고 묻는 것이 옳다. 시간은 과거와 현재와 앞으로 다가올 미래가 연결되는 개념이다.

　과거는 현재를 낳고, 현재는 미래를 낳는다. 그런 일련의 기나긴 과정이 바로 역사이다. 영국의 저명한 역사학자 카(E. H. Carr)는 자신의 대표적인 저작 『역사란 무엇인가』에서 "역사는 과거와 현재의 끊임없는 대화"라는 유명한 말을 남겼다. 역사란 과거에 사회적으로 지대한 영향을 끼친 인간의 행위를 대상으로 하지만 과거 사실의 단순한 재현이 아니라 과거의 어떤 사건의 중요성을 인지하고 해석·평가하여 현재적 관점에서 재구성해 확립되는 것이라는 의미이다. 이것은 과거사가 현재에 직접적인 영향을 미치는 연속성 때문에 가능하다. 과거와 현재가 단절되어 있다면 현재적 관점에서 과거를 재해석하는 것은 의미가 없을 것이다. 그런 의미에서 본다면 현재는 과거의 연장선상에 있다. 마찬가지로 미래는 현재로부터 출발한다. 이러한 시간의 연속성, 즉 역사성을 이해할 때 미래예측도 비로소 의미를 갖게 된다.

　현재 속에는 과거가 녹아 있고, 미래는 현재를 반영한다. 그렇기 때문에 과거를 잘 살펴보면 현재를 더 잘 이해할 수 있고, 과거와 현재까지의 추이를 잘 살펴보면 미래의 방향을 어느 정도는 가늠할 수 있는 것이다. 역사적 인식은 매우 중요하다. 인류는 역사라는 시간의 궤적으로부터 벗어날 수 없고 '과거-현재-미래'는 연속적이기 때문이다. 계몽사상가 볼테르는 "미래는 현재로부터 태어난다"라는 유명한 말을 남겼다.

　『전국책(戰國策)』에 나오는 고사성어 중 "전사지불망 후사지사(前事之不忘 後事之師)"라는 말이 있다. '지난 일을 잊지 않음은 뒷일의 스승이 된다'는 의미이다. 인간에게 역사는 하나의 거울이다. 과거사를 반추하는 것은 단순히 과거 사실을 알기 위한 것만은 아니다. 우리는 역사라는 거울을 통해 과거를 반추함으로써 현재를 인식할 수 있고 이를 근거로 또한 미래를 준비할 수 있다.

한편 과거와 현재는 이미 지나쳐 왔거나 처해 있는 부분이므로 인간의 힘으로는 바꿀 수 없다. 오직 변화의 가능성이 있는 부분은 미래밖에 없다. 그렇기 때문에 인간은 미래에 대해 본원적으로 관심을 가질 수밖에 없다. 우리가 현재 어떻게 행동하고 다가올 미래에 대해 어떻게 준비하고 대비하느냐에 따라 미래는 달라질 수 있다.

미래와 운명은 다르다. 미래는 고정불변의 숙명이 아니라 인간의 의지와 준비하는 정도에 따라 변화될 여지가 있다. 물론 아무리 준비하고 대비해도 바꿀 수 없는 부분도 있겠지만 변화의 여지는 분명히 존재한다. 그래서 미래는 준비하는 자의 몫이라고 한다. 최대한 객관적 방법으로 근거를 가지고 미래를 예측하면 다가올 불행이나 재앙을 막을 수 있고 변화에 능동적으로 대처할 수 있다. 미래예측과 미래학의 의미는 바로 여기에 있는 것이다.

역사적인 성패는 미래예측에서 비롯된다

미래예측은 국가정책에 있어서나 기업경영에 있어서나 매

우 중요하다. 기업이 시장, 수요, 기술발전, 경영환경 등에 대해 과학적인 예측을 한다면 시장을 선점할 수 있고 경쟁력을 높일 수 있다. 반대로 미래예측에 실패하면 경쟁에서 도태될 수 있다. 미래예측의 중요성은 역사적인 몇 가지 사례만 봐도 금방 알 수 있다. '로열더치셸'의 피터 슈워츠가 그 누구도 예상하지 못했던 소련의 몰락을 정확히 예측함으로써 일거에 업계를 장악했던 일은 대표적인 예이다.

피터 슈워츠(Peter Schwartz)[2]는 미래예측가이자 컨설턴트로 대표적인 미래예측 기법인 시나리오 기법의 전문가이다. 슈워츠는 1980년대에 제임스 오길비(James Ogilvy), 폴 호킨(Paul Hawken)과 공동으로 『일곱 개의 내일(Seven Tomorrows)』이라는 책을 내놓았는데, 이 책에서 저자들은 예측 기법으로 1990년대의 미래상을 그렸다. 이후 슈워츠는 런던의 로열더치셸에 합류해 기업의 장기 전략에 미래학을 응용해 적용하는 일을 했다. 결국 구소련의 붕괴를 예측한 슈워츠의 탁월한 분석에 힘입어 로열더치셸은 러시아 자원에 대한 개발권을 획득하는 데 성공했다.

한편 웨스턴 유니언은 미래예측에 실패한 기업이 어떻게 도태될 수 있는가를 보여 주는 정반대의 사례이다. 한때 거대기업이었던 웨스턴 유니언은 그레이엄 벨(Alexander Graham Bell)이 발명한 전화를 외면해 몰락하고 말았다. 벨은 자신이 발명한 음성전화 기술을 갖고 당시 세계 최고의 통신회사이던 웨스턴 유니언을 찾아가 이 기술특허를 10만 달러(현 가치로는 약 170만 달러)에 살 것을 제안했다. 하지만 당시 웨스턴 유니언의 사장 윌리엄 오튼은 "그 전자 장난감을 가지고 우리가 할 수 있는 게 도대체 뭐요?"라고 하며 단호히 거절했다.

웨스턴 유니언으로부터 거절당한 벨은 투자자인 가디너 허버드(Gardiner Hubbard), 토머스 샌더스(Thomas Sanders)와 함께 1877년에 벨 전화회사(Bell Telephone Company)를 직접 설립하였다. 이 회사는 전화사업의 주도권을 잡은 후 1885년 장거리전화 설비를 위한 자회사로 AT&T를 설립하면서 급성장했고, 1910년에는 주식매입을 통해 웨스턴 유니언의 경영권을 확보하기까지 했다. 웨스턴 유니언이 10만 달러에도 사지 않았던 기술로 AT&T라는 초대형 기업을 일구어 냈던 것이다. 오늘날 AT&T는 미국 최대 규모의 통신회사로서 자리를 굳히고 있다. 기술예측과 수요전망에 실패한 웨스턴 유니언의 사례는 기술예측에 기반을 둔 미래예측이 기업의 성패에 결정적인 요인이 될 수 있음을 보여 준다.

이번에는 일본 기업의 사례이다. 일본의 이토추 종합상사는 1973년 오일쇼크를 정확하게 예측해 큰 수익을 올렸다. 이토추의 기획담당 임원이었던 세지마 류조는 아랍 국가와 이스라엘의 갈등이 고조되는 데 주목했고, 특히 친미 국가인 사우디아라비아마저 이스라엘에게서 돌아서고 있다는 사실에서 심상치 않은 징후를 발견했다. 이후 산유국 장관의 잦은 회동 등 아랍 관련 기사들을 꼼꼼히 스크랩하면서 동향을 분석했고 산유국들이 서방 국가의 이스라엘 지원에 대해 기습공격을 감행할 가능성이 크다는 결론을 내렸다. 그는 「최근의 국제정세

분석: 중동전쟁 재발 및 석유가격 폭등 가능성」이라는 보고서
를 제출했고, 임원회의에서는 이 보고서가 극비리에 채택됐다.
이토추 상사는 불확실성이 높아지는 상황에서 석유를 사 모으
기 시작했다. 석유가격은 폭등했고 이토추 상사는 미래예측에
성공함으로써 엄청난 이익을 얻을 수 있었다.[3)

　미래예측의 성패가 기업 운명에만 영향을 주는 것은 아니
다. 국가 운명에 있어서도 미래예측은 결정적 요인이 되곤 한
다. 일본 정부는 1·2차 석유파동을 거치면서 에너지 문제에
관련된 미래전망에 관심을 갖고 전략적으로 대응하는 노력을
기울여 왔다. 뉴선샤인계획(1993), 신국가에너지전략(2006) 등은
그 노력의 일환으로 취해진 정책이며, 그 결과 일본은 고유가
파동에도 불구하고 극심한 경제위기를 피할 수 있었던 것이
다. 사막의 기적을 이룬 두바이 역시 미래전략을 통해 위기를
기회로 전환하는 성과를 거둔 사례로 꼽을 수 있다. 세계 최고
급 호텔 부르즈 알 아랍, 세계 최고층 빌딩 부르즈 두바이[4),
창의력 가득한 인공 섬, 열사 한가운데 있는 스키장 등 오늘날
두바이는 세계가 주목하는 그야말로 꿈의 도시이다. 두바이는
무엇을 상상하든 상상하는 것 이상을 보여 주는 곳이지만 창
의성의 도시 두바이가 하루아침에 이루어진 것은 아니다. 두
바이의 기적에도 미래예측과 국가전략은 단단히 한몫을 했다.
아랍에미리트연합(United Arab Emirates)의 토후국 중 하나인 두
바이는 일찍이 1966년에 2020년경 석유고갈로 위기를 맞을
것을 예측하고 2011년까지 석유의존 경제구조에서 벗어난다

는 장기적인 국가전략을 마련해 추진해 왔다. 원유 대신 부동산·관광·무역·금융 산업으로 경제를 부흥시킬 장기 계획을 추진한 덕분에 현재 두바이는 세계적인 관광지이자 중동 경제의 중심으로 부상할 수 있었다.5)

한편 세계 최강대국 미국은 팍스 로마나(Pax Romana), 팍스 브리태니카(Pax Britannica)에 이어 팍스 아메리카나(Pax Americana)를 구가하면서 전대미문의 헤게모니를 장악했고 무소불위(無所不爲)의 힘을 자랑해 왔다. 양차 세계대전을 거치면서도 전혀 전화(戰禍)를 입지 않고 오히려 해양국가로서의 이점을 활용해 국력을 다져 온 미국은 세계 도처에서 발생하는 국지전에 부단히 개입은 해 왔지만 그간 본토가 침공을 당하는 일은 한 번도 없었다. 하지만 9·11테러는 모든 것을 바꿔 놓았다.

2001년 9월 11일 오전 9시부터 오후 5시 20분 사이에 일어난 항공기 납치 동시 다발 자살테러로 인해 뉴욕의 110층짜리 세계무역센터(WTC) 쌍둥이 빌딩은 맥없이 무너졌고, 패권의 상징이던 워싱턴의 국방부 청사(펜타곤)도 공격을 받았다. 세계 최강국 미국은 일순간에 아수라장으로 변했고, 세계 경제의 중심부 뉴욕은 공포의 도가니가 되었다. 전대미문의 테러로 미국의 자존심이 한순간에 무너진 것은 물론이고, 이 사건으로 90여 개국 2,800~3,500여 명의 무고한 사람이 생명을 잃었다. 경제적인 피해는 세계무역센터 건물 가치 11억 달러, 테러 응징을 위한 긴급지출 400억 달러, 재난극복 연방 원조액 111억 달러 등을 비롯해 천문학적인 수치이다. 만약 미국이

도처에서 감지된 대형 테러의 징후를 감지해 미리 대비했더라면 엄청난 인적·물적 피해를 막을 수 있었을 뿐 아니라 미국의 자존심이나 리더십도 상처를 받지 않았을 것이다.

1997년 우리나라가 겪은 IMF 위기도 외환위기, 금융위기의 징후와 실물경제 인프라의 취약함을 사전에 감지하지 못했고 위기를 제대로 예측하지 못했기 때문에 맞은 국가부도 사태였다. 내로라하는 경제학자와 금융전문가, 정책결정자들이 있었지만 이들 중 누구도 금융위기를 예측했던 사람은 없었다. 이는 우리 사회가 위기를 감지하고 미래를 예측하는 기능을 전혀 갖추지 못했음을 보여 주는 사례이다. 미래예측의 중요성은 아무리 강조해도 지나치지 않은 법이다.

물론 정확한 미래예측은 인간의 능력을 넘어서는 일이다. 하지만 객관적인 방법으로 미래를 예측하면서 준비하는 것과 그렇지 않은 것 사이에는 결과에 있어 큰 차이가 있다. 기업이나 사회, 국가적인 차원에서 미래예측은 중요하다. 물론 개인에게 있어서도 미래예측은 필요하다. 미래예측의 과학적인 방법론을 추구하고자 하는 것이 바로 미래학(futurology)이다. 미래학은 이제 우리 사회에서도 중요한 화두가 되어야 한다.

미래예측과 미래학의 역사

미래예측의 연원

미래를 알고 싶어 하는 욕망은 인간의 근원적인 욕망이었기에 미래예측은 역사 속에서 여러 가지 모습으로 나타났다. 그 연원을 살펴보면 고대로까지 거슬러 올라간다.

기원전 600년경, 그리스의 델포이(Delphoe)[6]에 있는 아폴론 신전에는 신전을 지키는 피티아(Phythia)라는 여사제가 있었다. 그녀는 방문자에게 인간의 운명을 이야기해 주는 이른바 '신탁(오라클, Oracle)'을 내리는 임무를 맡고 있었다. 신탁(神託)이란 '인간이 판단할 수 없는 어려운 문제의 해결을 위한 인간의 물음에 대한 신(神)의 응답'을 말한다. '델포이의 신탁'은 신화

속의 이야기지만 미래예측을 원하는 인간의 욕망을 '표상
(representation)'하고 있는 것이라고 할 수 있다.

뿐만 아니라 고대 로마의 폭군 타르퀴니아 왕 통치 시절 왕
에게 예언서를 팔았던 '시빌의 전설'도 유명하다. 바로 '시빌
의 신탁서(Sibyl's oracle)'이다. 이 전설에 의하면 어느 날 남루한
옷차림의 노파가 아홉 권의 책을 들고 왕을 찾아왔다. 이 노파
는 무슨 내용이 담긴 책인지도 말하지 않은 채 엄청난 가격을
요구하며 책을 살 것을 왕에게 권했다. 하지만 타르퀴니아 왕
은 면전에서 노파를 박대하고 쫓아내 버렸다. 다음 날 노파는
책 아홉 권 중 세 권을 불태운 후, 나머지 여섯 권을 똑같은
가격에 팔려고 했다. 도대체 무슨 책인가 궁금했지만 이번에
도 왕은 사지 않았다. 노파는 다시 세 권을 불사르고 나머지
세 권만 들고 찾아와서는 여전히 아홉 권의 가격을 요구했다.
그제야 왕은 뭔가를 직감했고 서둘러 아홉 권의 가격으로 책
을 샀다. 이 노파가 바로 전설 속의 지혜와 신비의 대예언자
시빌이었고, 그녀가 판 책은 로마의 앞날을 세세하게 기록한
예언서였다. 로마인들은 시빌의 신탁서를 주피터 신전에 모셔
놓고 국가의 중대사가 있을 때만 열어 보면서 위기를 헤쳐 가
는 지혜를 얻었다고 한다. 그 후 로마인들은 타르퀴니아 왕의
무지 때문에 불타 없어져 버린 여섯 권의 책을 두고두고 아쉽
게 여겼다. 하지만 남아 있는 책들을 소중히 여겨 미래에 대해
끊임없이 생각하고 탐구하는 마음이 이어져 로마 천 년의 영
광을 구가하는 기틀이 되었다고 한다.[7)]

　델포이 신탁이나 시빌의 신탁은 신화나 전설 속의 이야기지만 미래예측의 효시라고 할 수 있다. 이는 결국 인간이 신의 힘을 빌려 자신의 미래를 엿보려고 하는 욕망을 이야기 속에 투사하고 있는 것이다. 미래를 보는 능력은 원래 신의 영역이지만, 신의 계시를 받은 예언자가 신과 인간의 매개자로서 신탁의 형태로 미래를 보여 준다는 식이다. 여하튼 미래예측은 아주 오랜 옛날부터 있었다고 할 수 있다.

　고대사회에서 중세사회까지 미래예측은 신의 영역이었고 따라서 예언자, 점성술사, 주술사의 몫이었다. 하지만 근대사회로 이행하면서 미래예측은 그 본질이 조금씩 바뀌기 시작한다. 근대사회의 태동과 함께 신의 영역과 인간의 영역은 명확히 구분되게 된다. '르네상스(Renaissance)'라고 불리는 세계 사상의 위대한 흐름은 인간이 비로소 세계의 중심이 되기 시작한 출발점이라고 할 수 있다.

　위키백과사전(ko.wikipedia.org)에 의하면, 르네상스는 유럽 문명사에서 14세기부터 16세기 사이에 일어난 문예부흥 운동을 말한다. 르네상스는 시기적으로는 1400년부터 1530년의 약 130년간인데, 과학혁명의 토대가 만들어져 중세를 근대와 이어 주는 시기였다. 인문학자나 역사가들은 문예부흥을 '14세기에서 시작하여 16세기 말에 유럽에서 일어난 문화·예술 전반에 걸친 고대 그리스와 로마 문명의 재인식과 재수용'으로 해석한다. 역사적 측면에서 유럽은 르네상스의 시작과 더불어 기나긴 중세시대에 종지부를 찍었다. 근대로의 이행은 신 중심의 역사에서 인간 중심의 역사로의 이행을 의미한다. 르네 상스를 거치면서 도래한 근대사회는 미래예측이란 측면에서 도 의미 있는 변화이다. 근대 이전의 역사는 신 중심의 역사였 다. 역사는 신의 섭리에 의해 움직일 뿐이고, 인간은 그 속에 던져진 숙명적 존재이자 수동적인 존재에 불과했다. 하지만 인문주의의 부흥, 과학기술의 진보 그리고 합리적 이성에 대 한 믿음은 인간을 역사를 개척하는 능동적 존재로 새롭게 태 어나게 했다. 자신의 운명을 오로지 신의 섭리에 의지하던 인 간은 이성과 과학의 발견을 통해 스스로의 운명을 바꿔 나갈 수 있다는 믿음을 갖기 시작한 것이다. 근대사회의 태동은 과 학기술에 기반을 둔 인간 이성의 발전과 함께 이루어진 것이다. 인간은 과학연구로 자연의 법칙을 밝혀내면서 인식의 지평을 넓혔다. 또한 인간은 기술개발을 통해 온갖 문명의 이기를 발 명하면서 인간 감각의 범위를 넓혀 나갔다. 가령 중세시대에 망원경이나 자동차, 항공기 등은 상상조차 할 수 없었던 것이 었다. 인간의 감각은 한계를 갖고 있어서 시계를 벗어나는 것 은 볼 수 없고, 아주 먼 곳은 갈 수가 없었다. 하지만 망원경을 발명함으로써 인간의 시계(視界) 이상까지 볼 수 있게 되었고, 자동차와 항공기를 만들면서 아무리 먼 곳이라도 지구상에서 인간이 갈 수 없는 곳은 더 이상 존재하지 않게 되었다. 캐나다 의 문명비평가 마셜 맥루언(Marshall Mcluhan, 1911~1980)은 인간 이 발명한 "미디어(매체)는 인간 감각의 연장(prolongation)"이라 고 정의했다. 가령 안경이나 망원경은 인간 시각의 연장이고,

전화나 무전기는 인간 청각의 연장, 옷은 촉각의 연장, 자동차는 인간 다리의 연장이라는 것이다. 결국 이 모든 발명품들은 과학기술 발전의 산물이다. 과학기술은 인간사회를 급속하게 변화시켰고 근본적으로 바꾸어 놓았다. 과학기술은 근대사회 태동과 발전에 있어서 가장 중요한 동인(動因)이었다.

과학기술이 이렇게 사회변동의 원동력이 된 것은 미래예측의 측면에도 큰 영향을 미쳤다. 과학기술 발전의 추이를 바탕으로 하지 않는 예측은 객관성, 과학성을 담보할 수 없기 때문이다. 오늘날 대부분의 미래예측은 기술예측으로부터 시작된다. 근대 이후 인간은 신의 영역보다는 현실적인 인간사회에 대해 더 많은 관심을 갖게 되었고, 이는 자연스럽게 기술 및 산업이 변화시키는 미래사회에 대한 관심으로 연결될 수 있었던 것이다.

기술의 미래를 보여 주는 만국박람회

1993년 우리나라에서는 국제박람회가 열렸다. 한국 과학기술의 요람인 대전에서 8월 7일부터 11월 7일까지 93일 동안 열렸던 이 국제박람회를 우리는 '대전엑스포'라 부른다. 국제박람회기구(BIE)가 공인한 전문 박람회였는데, 당시 엑스포의 주제는 '새로운 도약의 길', 부제는 '전통기술과 현대과학의 조화'와 '자원의 효율적 이용과 재활용'이었다. 이 박람회의 의미는 우리나라가 그간 이룩한 눈부신 과학발전의 성과를 돌아보면서 다가오는 21세기에 대비한다는 것이었다. 현재의 대전 과학엑스포 공원은 엑스포가 열린 전시장을 활용해 만들어졌다. 이렇게 각 나라의 과학발전의 성과와 양상을 한곳에서 둘러볼 수 있고 이를 통해 과학기술이 만드는 미래상을 엿볼 수 있는 것이 만국박람회이다.

만국박람회는 세계박람회, 국제종합박람회 등 여러 가지 명칭으로 불리는데, 외국어로는 exhibition, fair, great exhibition, exposition universelle, exposition internationale, world fair, world exposition, Expo 등 다양하게 불린다. 보통은 엑스포지션(expositoin)을 줄여서 엑스포라 부르는데, 엑스포는 과학기술의 전시장인 동시에 각 나라의 문화와 정보를 교환하는 축제의 장이다. 엑스포의 기원을 따지자면 2,500년 전 페르시아제국 때 개최된 '부(富)의 전시'로까지 거슬러 올라간다. 또한 구약성서에 의하면 기원전 5세기경 고대 페르시아 아하스에로스 왕이 제국의 부와 영화(榮華)를 과시할 목적으로 각국 대표를 초청해 6개월간 전시회를 개최했다고 한다.

근대적 의미에서 본 최초의 엑스포는 1851년 영국 런던에서 개최된 만국박람회(일명 수정궁 박람회)라 할 수 있다. 당시 산업혁명을 이끌면서 세계의 공장 역할을 한 영국에서는 다른 나라와의 교역이 활발하게 전개되면서 다양한 신기술과 문화가 양산되었다. 이러한 사회·경제적 상황을 배경으로 근대 엑스포가 탄생되었던 것이다. 프랑스도 1889년에 프랑스 혁명 100주년을 기념해 자국의 과학기술력을 자랑하는 만국박람회

를 개최했다. 당시 파리 만국박람회장에 세워진 에펠탑은 프
랑스의 과학기술 수준을 만방에 보여 준 상징물이었다. 이후
각 국가들이 과학문명과 기술들을 전시하고자 경쟁적으로 엑
스포를 개최했다. 만국박람회는 한편으로는 현재 과학기술 발
전의 수준을 일목요연하게 보여 주고, 다른 한편으로는 미래
기술의 발전 전망을 보여 준다. 바로 그런 의미에서 만국박람
회는 기술의 과거, 현재, 미래를 한자리에서 보여 주는 전시장
이라 할 수 있다.

20세기 들어 영국으로부터 바통을 이어받아 세계 최강대국
으로 부상한 미국의 저력은 과학기술력으로부터 나온다. 미국
은 오늘날 세계 최고의 테크놀로지를 보유한 나라이다. 후발
국가인 미국은 일찍부터 기술발전과 미래에 대한 관심을 가지
고 있었다. 1893년은 콜럼버스가 신대륙을 발견한 지 400주
년이 되는 해였는데, 이를 기념해 시카고에서 만국박람회가
열렸다. 이 박람회 때 내건 주제는 '미국의 기술발전과 세계의
미래'였다. 당시 박람회는 일대 사건이었는데 6개월의 개최기
간 중 3,000만 명에 가까운 관람객이 시카고를 방문했다고 한
다. 미국인들이 기술발전과 미래사회에 대해 얼마나 지대한
관심을 갖고 있었는지를 엿볼 수 있는 대목이다.

1890년대는 신흥공업국 미국이 구대륙 유럽으로부터 자립
하겠다는 희망에 부풀어 있던 시기였고 동시에 원주민인 아메
리카 인디언의 최후 저항을 물리친 직후였다. 1790년에 390
만 명이었던 미국 인구는 100년 만인 1890년에 6,300만 명으

로 늘었다. 당시는 전기가 발명된 직후였기에 박람회의 중심 테마가 전기였고 '빛의 전당'이라는 이름의 전시관과 만국박람회장을 밝힌 전기탑은 관람객들에게 마치 밝은 미래를 보여주는 듯했다. 가솔린으로 움직이는 자동차 실험이 처음으로 성공을 거둬 자동차 왕국으로서의 첫발을 내딛은 것도 이 무렵이었다.

시카고 만국박람회를 기념해 미국신문협회는 당대 미국의 두뇌를 대표하는 100명의 전문가를 선정해 100년 후 미국의 미래를 예측하게 하는 행사를 개최했다. 이 행사에는 현직 각료, 교육자, 종교인, 과학자, 정치가, 변호사, 건축가, 언론인, 디자이너, 예술가, 실업가 등 내로라하는 각 분야의 엘리트들이 대거 참여했다. 그들이 예측한 100년 후의 미래는 대충 이러했다.

> "1990년까지 미국인의 평균수명은 150세까지 늘어날 것이다."
>
> "인류는 자유롭게 하늘을 날 수 있을 것이다."
>
> "미국은 북미와 중남미를 전부 지배하게 되고, 세계의 초강대국이 될 것이다."[8]

100여 년 전 미국의 엘리트들의 미래예측은 제대로 맞지 않은 부분도 있지만 많은 부분은 현실로 나타났다. 21세기에도 미국인의 평균수명은 100세를 넘지 못했지만 1903년 12월

가솔린엔진과 프로펠러를 장착한 라이트 형제의 쌍엽기 플라이어 호는 세계 최초로 하늘을 나는 데 성공했고 20세기 중반을 넘어 미국은 세계 최강대국으로 부상했다. 오늘날 미국은 자타가 공인하는 최강의 국력을 가진 강대국의 지위를 공고히 하고 있다. 미국의 국제정치학자 즈비그뉴 브레진스키는 저서 『거대한 체스판(The grand Chessboard)』에서 "오늘날의 미국은 유사 이래 최초의 진정한 세계 제국"이라고 역설했다.

요컨대 미국은 네 가지 결정적 영역에서 최고 강국으로 우뚝 서 있다. 군사적으로 미국은 경쟁 상대 없는 세계적 힘을 지니고 있다. 경제적으로 미국은 세계성장의 기관차이다. (중략) 기술적으로 미국은 첨단 분야의 기술혁신에서 압도적인 주도권을 보유하고 있다. 문화적으로 미국은 약간의 투박성에도 불구하고 전 세계 젊은이에게 경쟁 상대 없는 호소력을 지니고 있다. 이 모든 것이 미국으로 하여금 다른 나라가 넘볼 수 없는 정치적 성과를 거두게 해 주고 있다. 이 네 가지 결합이 미국을 종합적인 의미에서 유일한 세계 초강국으로 만들어 주고 있는 것이다.[9]

역사적으로 보면 팍스 로마나, 팍스 브리태니카를 잇고 있는 팍스 아메리카나는 압도적 헤게모니를 자랑하는 초강대국이다. 그 힘의 원천은 다름 아닌 과학기술이다. 기술발전과 미래에 대한 흥분과 환희로 들끓었던 시카고 만국박람회는 미국의 미래를 밝혀 준 상징적인 전시회였다. 미국의 미래예측이 시카고 만국박람회로부터 시작되었다고 이야기하는 것은 바로 이 때문이다. 과학기술 발전과 미래예측은 강한 상관관계를 갖고 있다.

합리성의 나라, 프랑스의 미래예측

프랑스는 합리주의가 싹트고 사상적으로 꽃을 피운 나라이다. 하지만 프랑스는 역사적으로 예언이나 미래예측 부분도 다른 어떤 나라보다 앞서 있었다. 오늘날에도 프랑스인들이 점성술이나 미래예측에 대해 지대한 관심을 가지고 있는 것은 우연이 아니다.

흔히 '예언'하면 누구나 노스트라다무스를 떠올릴 정도로 예언가 노스트라다무스는 명성이 높다. 그의 예언은 사후 500여 년이 지난 지금도 여전히 인구에 회자되고 있을 정도이다. 노스트라다무스(Nostradamus, 1503.12.4.~1566.7.2.)는 르네상스 시기에 활약하던 프랑스의 의사이자 철학자이며 점성가이다. 몽펠리에 대학 의대 출신인 노스트라다무스는 프랑스 전국 각지를 방랑하면서 페스트나 풍토병 치료에 종사하는 한편 신(新)플라톤주의 사상과 은비사상에 접했다. 그의 저서는 그 신비성 때문에 로마 가톨릭교회에 의해 금서(禁書)가 되었다. 그 중 4행시로 이루어진 예언서 『제세기(Les Siecles)』(1558)는 자신의 죽음뿐만 아니라 후원자인 앙리 2세의 죽음, 생바르텔르미 대학살, 프랑스 대혁명, 나폴레옹의 등장까지 예언하였고, 최근 사건과 관련해서는 2006년 독일 월드컵에서 스페인의 우승을 예언한 것으로도 유명하다. 노스트라다무스의 예언서는 상징적인 4행시로 되어 있어 정확한 해석은 힘들며 해독에 따라 다르게 풀이될 수가 있다. 그의 예언 중 한 가지를 살펴보자.

젊은 사자가 일대일의 대결에서 늙은 사자를 제압하리라.
전쟁터 같은 곳에서, 단 한 번의 결투로,
젊은 사자는 황금 창살 속에 있는 그의 눈을 찢으리라.
둘이 하나를 다치게 하고, 끔찍한 죽음을 맞으리라.[10]

앙리 2세의 부인 카트린느 드 메디시스 왕비는 노스트라다무스의 예언을 신봉한 사람이었다. 그녀는 많은 문제에 관해 그에게 종종 조언을 구했다. 앙리 2세는 딸과 여동생의 결혼이라는 겹경사를 맞아 당시 예언가들이 왕이 마상시합에서 죽을 것이라 예언했는데도 마상시합을 열었다. 1559년 6월 모든 사람이 시합을 지켜보는 가운데 마상시합이 열렸고, 친위대장 몽고메리의 창이 부러지면서 왕의 황금 눈가리개를 관통했다. 창끝은 왕의 한쪽 눈 속에 박혔고 뇌까지 뚫고 들어가 결국 사망하였다. 이 사건으로 인해 노스트라다무스의 예언은 유럽 전역에 알려졌다. 이것이 노스트라다무스를 유명하게 해 준 예언이었다.

하지만 '꿈보다는 해몽'이라고 4행시로 된 이 예언은 지극히 상징적이어서 해석이 다분히 임의성과 주관성을 띨 수밖에 없다. 오늘날까지도 그의 예언서의 해석을 둘러싸고 논란이 계속되고 있다. 임의적이고 주관적인 것은 아무래도 정확도를 측정할 수 없다. 현대 경영학의 대가 고(故) 피터 드러커는 "측정할 수 없는 것은 관리할 수 없다"라는 유명한 말을 남겼다. 미래예측에서도 정확도를 측정할 수 없는 것은 과학적이라고 할 수 없을 것이다. 어쨌건 노스트라다무스의 예언에서 우리는 미래에 대한 프랑스인들의 지대한 관심을 확인할 수는 있으나 이를 미래예측의 원형으로 간주할 수는 없다. 노스트라다무스는 합리성과 인문주의가 꽃을 피우기 시작한 르네상스 시기의 인물이지만 그의 예언들은 과학적 방법론이나 객관적 데이터에 근거해 있지는 않다.

우리에게 프랑스는 예술과 문학의 나라로 알려져 있지만 좀 더 내부를 들여다보면 프랑스만큼 과학과 합리성을 중요하게 생각하는 나라도 드물다. 철학적으로 프랑스는 데카르트로 상징되는 합리주의가 탄생한 나라이고 TGV, 아리안 위성, 미니텔, 파스퇴르 공법 등 과학기술이 앞선 나라이다. 근대적인 미래예측은 과학기술의 발전과도 맥을 같이하지만 과학적인 사고방식, 합리성을 추구하는 문화와도 직접적인 연관을 갖고 있다. 따라서 프랑스인들이 역사적으로 미래예측에 부단히 관심을 가져온 것은 전혀 모순이 아니다.

세바스티앙 메르시에(Sebastien Mercier)는 1770년에 『서기 2440년』이란 책을 출판했다. 이 책은 유럽의 진보사상이 인류에 미칠 영향을 상징적으로 보여 주었다. 줄거리를 보면, 18세기에 태어난 주인공이 오랜 동면 끝에 눈을 떠 보니 25세기가 되어 있었는데 세계는 전에 없는 평화를 구가하고 있고 왕정은 남아 있었지만 노예제도가 폐지되고 파리는 과학도시로 발전하고 있고 결혼제도도 달라지고 남녀 간의 연애는 자유롭고 평등해졌다는 등의 내용이다. 당시로서는 파격적인 내용이라 프랑스에서 판매금지를 당했는데, 이 책은 어쨌건 당시의 권위적 행태를 비판하며 미래세계를 묘사한 책으로 역사상 최초의 SF라고 할 수 있다.

비슷한 시기에 수학자이며 철학자이자 정치가였던 마르퀴드 콩도르세(Marquis de Condorcet, 1743.9.17.~1794.3.29.)는 『인간 정신의 진보에 관한 역사적 개요』라는 책을 내놓았다. 이 책은 미국 독립전쟁과 노예폐지 운동 등을 배경으로 낙관적 미래관과 진보에 대한 확신을 묘사하고 있어 가히 미래학의 고전이라고 평가할 만하다. 그는 세계의 문명을 10기로 나뉘고 제10기째를 미래로 보았는데 "10기째의 문명은 지식과 정보가 주역이 될 것이다. 정치나 윤리상의 잘못은 물리와 자연의 법칙을 오용한 데서 기인한다"11)라고 역설했다. 오늘날의 관점에서 봐도 그의 미래관은 비교적 정확하게 들어맞는다고 할 수 있다.

19세기는 증기기관차의 발명, 철도의 보급 등 과학기술 발전이 눈부시던 시기였다. 1851년, 1862년에 영국 런던에서, 1855년, 1867년, 1878년, 1889년에는 파리에서 그리고 1893

년에는 시카고에서 각각 만국박람회가 열렸던 것은 이러한 과학기술 발전이라는 시대적 배경하에서 가능했다. 과학연구와 기술발전에 따라 과학지식도 풍부해졌다. 19세기의 과학지식을 바탕으로 본격적인 SF의 시대를 연 사람은 바로 쥘 베른이다.

쥘 베른, 공상과학소설을 통한 미래예측

쥘 베른(Jules Verne, 1828.2.8.~1905.3.24.)은 프랑스의 과학소설가로 'SF의 아버지', '공상과학소설(SF)의 선구자'로 불린다. 1828년에 프랑스의 낭트에서 태어난 베른은 원래 법률을 공부했으나 무대연출가, 각본가, 주식 브로커로도 활약했으며 나중에 알렉상드르 뒤마 등 당대의 걸출한 문인을 만나 글쓰기에 대한 조언을 받으면서 문학의 길을 걷게 되었다. 작가이자 출판인인 피에르 쥘 에첼의 도움으로 책을 출간하고 생전에 대성공을 거두었다.

그는 일생 동안 80여 편의 과학소설과 모험소설을 썼고, 경이의 시리즈 60여 편을 출판했다. 『기구를 타고 5주일』(1863), 『지구 속 여행』(1864), 『지구에서 달까지』(1865), 『달나라 일주』(1869), 『해저 2만 리』(1869), 『80일간의 세계 일주』(1873), 『신비의 섬』(1874) 등은 그의 대표작이다. 누구나 어린 시절 한두 권씩은 읽어 봤을 법한 이 명작들은 그가 풍부한 상상력과 과학지식을 토대로 완성한 본격적인 공상과학소설이다.

미래를 꿈꾸게 하고 상상력을 넓혀 준 쥘 베른의 소설 『80일간의 세계 일주』나 『해저 2만 리』는 프랑스 과학문화의 산물이라고 할 수 있다. 과학기술이 급속도로 발전하던 시대적인 상황과 과학기술을 사회변화의 중요한 동인으로 생각하는 프랑스 사회의 문화가 없었다면 쥘 베른의 주옥같은 SF는 세상의 빛을 보지 못했을지도 모른다.

그의 소설에는 달로켓, 잠수함 등 당시로서는 꿈과 같았던 것들이 소재로 등장한다. 가령 당시에는 희귀한 금속으로 아무도 상용화할 생각을 못했던 알루미늄을 달로켓의 소재로 사용한다는 발상은 시대를 한 걸음 앞서 있었다. 산업계에서는 이 소설에서 힌트를 얻어 후에 알루미늄의 실용화에 본격적으로 뛰어들었다. 1960년대부터 1970년대에 걸쳐 달 표면 착륙을 둘러싸고 치열한 경쟁을 벌였던 미소 양국의 과학자들이 어린 시절 쥘 베른의 소설에서 자극을 받았고 실제 연구에서도 많은 힌트를 얻었다는 것은 분명한 사실이다. 쥘 베른이 『해저 2만 리』에서 묘사한 잠수함은 1954년 미국이 개발한 최초의 원자력잠수함으로 실현되었다. 1952년 6월 기공해 1954년 1월 진수, 1955년 1월 17일 원자력에 의한 항행을 개시한 원자력잠수함 'SSN-571 노틸러스(Nautilus) 호'의 이름은 실제로 쥘 베른의 소설에서 따온 것이다.

쥘 베른이 원자력잠수함, 해저 여행, 달나라 여행 등을 상상하며 모험소설을 썼던 것은 1800년대였지만, 그의 공상 중 많은 부분은 다음 세기에 현실로 이루어졌다. 여기에서 우리는

과학기술 발전이 상상력을 자극하고 상상력에 기반을 둔 공상
과학소설이 다시 과학 발전을 추동하는 선순환 구조를 만나게
된다. 과학지식에 기반을 두고 기술변화를 추측하고 여기에
상상력을 더해 미래사회를 그린 쥘 베른의 소설은 상상에 근
거해 있지만 미래예측의 한 형태라고 할 수 있다.

쥘 베른이 비록 과학자는 아니었지만 과학자들보다 더 정
확하게 미래를 예측하고 미래사회를 그려낼 수 있었던 비결은
무엇일까. 한국트렌드연구소의 김경훈 소장은 이를 '매너리즘
에 빠지지 않은 집중적인 관찰의 결과'라고 해석했다.

우리는 쥘 베른으로부터 미래예측의 정확도를 높이는 방
법을 배워야 한다. 그것은 집중적인 관찰이다. 그 바탕 위에
서 나만의 눈으로 세상을 보는 법을 익히고, 나만의 방식으
로 미래에 대한 지식을 쌓아 가야 한다. 쥘 베른이 본 세상
이 다른 사람과 전혀 달랐던 것은 아니다. 그도 동시대인들
과 같은 세상을 살았다. 하지만 그가 보고, 듣고, 그것에서
추측해 낸 미래는 남들과 달랐다. 그는 똑같은 정보에서 지
식을 얻어 냈고, 덕분에 그가 그려낸 미래는 단순한 상상력
의 소산이 아니라 '있을 법한' 미래가 되었던 것이다.[12]

한편 프랑스의 철학자이자 실증주의의 창시자인 오귀스트
콩트(Auguste Comte, 1798~1857)는 대혁명 후의 무질서했던 격변
기에 사회구성과 변화의 본질을 파악하고 바람직한 미래사회

상을 그리기 위해 체계적인 연구를 했다. 그는 인간이 환경을 그에게 유익하게 바꾸어 놓기 위해서는 자연계를 지배하는 법칙들을 알아야 한다고 주장했다.

왜냐하면 현상의 법칙을 알고 그리하여 그것들을 예견할 수 있게 되어서야 비로소 우리는 (중략) 그것들을 우리에게 유익하도록 하나하나 변경시켜 갈 수 있기 때문이다. (중략) 우리가 어떤 현상에 큰 영향을 주는 일은 언제나 자연법에 대한 지식을 통해서만 가능한 것이다. (중략) 과학으로부터 예견이, 예견으로부터 행동이 나온다(Savoir pour prévoir et prévoir pour pouvoir).[13]

콩트는 또한 인간과 사회의 지식과 지성을 동적인 발전 과정으로 파악하면서, 이른바 '사회의 3단계 발전설'을 주창했다. 인류의 정신적 진화는 개인의 정신발달과 병행해 왔다는 것이다. 그는 우리 모두가 어릴 때는 열렬한 신자이다가 청년기에는 비판적 형이상학자가 되고 어른이 되어서는 자연철학자가 되는 경향이 있는 것과 꼭 같이 인류도 성장해 오면서 이러한 세 가지 단계를 지나왔다고 주장했다.

"우리의 모든 주요 개념들은, 곧 모든 분야의 지식들은 세 가지 상이한 이론적 조건 — 신학적 또는 공상적, 형이상학적 또는 추상적, 과학적 또는 실증적 — 을 단계적으로 거처 왔다. (중략) 신학적 상태에 있어서 인간 정신은 존재의 근원과 모든 결과의 제1원인 또는 궁극원인을 찾고 있었고 (중략) 모든 현상은 초자연적인 존재의 직접적 행동에 의해 나타나는 것이라 생각하였다. 형이상학적 상태에 있어서는 (중략) 정신은 (중략) 모든 현상을 산출해 낼 수 있는 추상적 힘, 확실한 실체(즉, 의인화된 추상물)들을 상정하고 있었다. (중략) 마지막으로 실증적 상태에서는 정신은 절대자, 우주 의 기원과 종착지, 모든 현상의 원인 등에 대한 무익한 탐구 를 포기하고 대신 그것들의 법칙 — 즉, 그들의 연속성과 유 사성의 불변적 관계들을 연구하는 데 몰두한다.[14]

콩트의 3단계 발전론은 미래예측에도 어느 정도 적용될 수 있다. 고대나 중세 시대의 신학적 단계에서는 미래예측이 신 의 영역으로 점성술, 예언 등의 형태로 나타나고, 형이상학적 단계에서는 절대정신이나 신의 섭리 등의 내재적인 힘에 의거 해 미래예측이 이루어지며, 마지막 실증적 단계에서는 관찰, 가설, 검증 등 과학적 방법론과 실증적 데이터에 의해 미래예 측이 이루어질 수 있는 것이다.

오늘날 프랑스인들은 미래에 대한 남다른 관심을 갖고 있 고 자크 아탈리 같은 세계적인 미래학자가 활발한 활동을 하 고 있으며 정부 역시 국립과학연구소(CNRS)를 중심으로 국가 차원의 미래장기예측 프로그램을 운영하고 있다. 미래예측이 사회적으로 얼마나 중요하게 인식되고 있는가는 그 사회의 문화와도 관계가 있다. 합리주의와 실증적인 방법론이 태동한 프랑스에서 미래학이나 미래예측이 왕성한 것은 당연한 현상일 것이다.

본격적인 미래예측 서적의 출간

19세기에는 주요 국가에서 미래예측과 관련된 서적들이 본격적으로 출간되기 시작했다. 미국에서는 1889년 소설가 에드워드 벨러미(Edward Bellamy, 1850.3.26.~1898.5.22.)가 『과거를 돌아보다(Looking Backward 2000~1887)』라는 책을 출간했다. 이 책은 자본주의에서 비폭력 수단으로 사회주의로 가는 과도기 단계로서의 집산주의가 존재한다는 주장으로부터 출발해 미래의 사회상을 그린 일종의 유토피아 소설이다. 소설의 주인공은 1887년에 깊은 잠에 빠졌다가 2000년 미국의 보스턴에서 눈을 뜨는데 주인공이 본 미래생활은 다음과 같이 묘사되고 있다.

그들은 매일 문명의 은혜를 향유하면서 살고 있다. 라디오, 전기, 공기청정기 등의 문명의 이기가 쾌적한 생활을 제공하고, 완전고용이 보장되며, 45세에 은퇴한 후에는 모두 유유자적하며 풍요로운 환경에서 살게 된다. 커뮤니티 센터에 나가면 전천후 돔과 함께 레저를 즐길 수 있는 환경도 준비되어 있어 눈이 오나 비가 오나 사람들은 즐겁게 여가

를 보낼 수 있다.15)

　벨러미의 소설은 1516년 토머스 모어가 출간한 책에서 묘사한 이상적인 정치 체제를 그린 유토피아와 칼 마르크스가 자본론을 통해 묘사한 공산주의와 같은 이상적인 미래사회를 그리고 있다.

　프랑스에서는 저명한 생리학자 샤를 리셰(Charles Richet, 1850. 8.26.~1935.12.3.)가 학술서의 형태로 1892년 『100년 후(Dans cent ans)』라는 책을 펴내 관심을 모았다. 리셰는 이 책에서 세계 인구 증가에 대한 통계적 예측을 통해 "향후 100년 동안 유럽의 출생률은 점점 내려가 1992년에는 인구가 증가한 미국과 러시아가 세계 최강의 국가가 될 것이다"라고 예측했는데, 100년 후에 그의 예측은 그대로 실현되었다. 특히 그는 에너지 문제에 대해서는 "석탄에서 석유시대를 거쳐 태양에너지를 사용하는 시대가 올 것이다"라고 예측했는데 그의 예측은 상당 부분 적중했다.

　리셰는 자신이 이름 붙인 '아나필락시(anaphylaxie: 감작된 사람에게 특정 항원을 두 번째로 주사했을 때 일어나는 반응)' 연구로 1913년에 노벨 생리의학상을 수상한 과학자이다. 그는 1878년 의대에서 생리학 교수 자격을 취득하고 1887년부터 교수를 역임했으며 학술지 「시앙티픽(Scientifiqu)」의 위원장을 거쳐 1898년에는 의학아카데미, 1914년에는 아카데미 프랑세즈(프랑스 학술원)의 회원이 되었다. 이러한 과학자로서의 경력 외에도 그는 평화 운동에 헌신했는데 20대부터 평화 운동 단체를 이끌었고 1916년에는 66세의 나이에 이탈리아, 루마니아, 러시아 등을 돌며 전쟁에 반대하는 운동을 벌였다. 사회참여적인 성향이 다분한 그였지만 무엇보다도 리셰는 노벨상에 빛나는 과학자였다. 리셰의 예측은 감성적인 상상력이나 희원을 담은 예언이 아니라 과학적인 근거에 바탕을 둔 예측이었기에 더 주목을 끌 수 있었던 것이다.

미래예측의 성격을 띤 공상과학소설은 이번에는 바다 건너 영국에서 그 절정기를 맞는다. 영국이 자랑하는 소설가 겸 미래 예측가인 허버트 조지 웰스(Herbert George Wells, 1866.9.21.~1946. 8.13.)는 일생 동안 100권이 넘는 책을 저술했다. 그 가운데 과거와 미래를 여행하는 시간 여행을 소재로 1895년에 출간한 『타임머신(The Time Machine)』과 1897년에 발표한 『투명인간(The invisible Man)』은 공상과학소설의 새 지평을 열었다. 원자폭탄을 예측한 『우주전쟁(The War of the Worlds)』(1898)도 유명하다.

백과사전의 정의에 의하면 SF는 ①자연과학의 해설을 소설 형식으로 쓴 것, ②과학의 선전·보급을 위하여 소설 형식으로 연애나 각종 사건을 엮은 것(예를 들면 성병이나 결핵예방 소설), ③ 자연과학을 트릭으로 한 추리소설이나 탐정소설, ④현재의 과학 수준에서 과학의 발전, 장래, 인류의 운명 등의 예상을 소설 형식으로 다룬 것 등을 말하는데 이 중 네 번째가 진정한 과학소설이라 할 수 있으며 역사적으로 쥘 베른이 창시했고 웰스가 꽃을 피웠다고 할 수 있다.

웰스 이후 다소 침체기를 걷다가 1920년에 체코의 극작가 카렐 차페크(Carel Čapek)가 희곡 『R.U.R』을 발표하면서 다시 주목을 끈다. 차페크의 작품은 주인공으로 로봇을 등장시켜 인간 사회의 모순과 갈등을 그리고 있는데, '로봇'이라는 말을 세계 최초로 사용한 것으로 유명하다. 로봇은 체코어로 '노동'을 의미하는 robota가 그 어원이다.

한편, 웰스가 미래에 관심을 갖게 된 것은 1883년 대학의 토론 클럽에서 '인류의 과거와 미래'라는 주제의 논쟁에 참가하면서부터였다. 그는 이후 인류의 미래를 그린 공상과학소설을 계속 발간했지만 사회변화와 미래사회를 예측한 학술적인 성격의 책도 발표했다.

1901년에 발표한 그의 베스트셀러 『예견(Anticipations)』은 본격적인 미래예측 서적이라고 할 수 있다. 이 책에서 웰스는 교통, 통신, 도시계획, 전쟁 등 여러 분야의 변화요인을 분석하면서 독자적인 기술관을 제시했다. 당시 전성기를 맞고 있던 마차가 자동차로 대체될 것, 영국과 유럽이 전화나 통신망으로 연결될 것 등을 예측했고 비행기가 발명되기 이전인데도 전쟁 시 공군력의 중요성을 강조하기도 했다. 또한 그는 다음과 같이 썼다.

많은 사람들은 과거의 실적이나 역사에만 눈을 빼앗기고 있다. 미래의 일들은 알 수 없다는 고정관념에 사로잡혀 있다. 그러나 과거를 아는 것과 미래를 창조하는 것은 같은 것이다. 인간이 미래에 관심을 가지고 있는 한 미래를 알 수 있는 실마리도 항상 그 속에 있다. 과학의 진보는 과거의 발굴에 크게 기여함과 동시에 미래의 발견에 기여하는 힘도 지니고 있다. 각 분야의 전문지식과 사회 동향에 관한 정보가 있으면 과학적으로 미래를 예측함으로써 미래를 창조해 갈 수 있다. 그러기 위해서는 정치, 경제, 사회, 종교, 윤리, 과학 등을 하나의 시스템으로 묶어 종합적으로 다루는 미래연구라는 학문을 하루라도 빨리 확립해야 한다.[16]

웰스는 미래연구를 하나의 학문으로 제창하기까지 했던 것이다. 미래 연구는 웰스의 주장과 함께 새로운 국면을 예고한다.

현대적 미래연구 방법론의 등장

현대적인 의미의 미래연구는 20세기 중반부터 시작되었다고 할 수 있다. 타임머신의 작가이자 미래예측의 선구자였던 웰스가 주창한 학문으로서의 미래학은 두 차례의 세계대전이 끝난 후부터 본격화되었다.

'미래학'이라는 용어는 1943년 미국의 정치학자 오시프 플레이트하임(Ossip Flechtheim)이 처음으로 사용했지만, 미래연구의 실무적인 방법론은 제2차 세계대전 말에 등장한 '과학기술에 바탕을 둔 예측'에서 비롯됐다고 보는 것이 일반적이다. 가장 중요한 연구는 헝가리 출신의 미국 항공역학자 테오도르 폰 카르만(Theodore von Karman, 1881.5.11.~1963.5.6.)이 쓴 보고서 「새로운 지평선을 향하여(Toward New Horizons)」(1947)이다.

카르만은 부다페스트 왕립공대에서 수학한 후, 괴팅겐 대학에서 박사학위를 받았고 이후 아헨 공대에서 교수로 재직하다가 항공연구소장이 되었다. 제1차 세계대전이 끝난 후 미국으로 건너가 캘리포니아 공과대학의 구겐하임 항공연구소장에 취임했고, 1936년 미국에 귀화해 미국 항공기술의 연구원으로 활약하였다. 그는 미국의 과학기술 발전 장기 계획에 큰 역할을 했다. 전후에 발표한 위의 보고서에서 카르만은 '기술예측(technological forecasting)'의 방법론을 정립해 미래학의 초석을 다졌다.

오늘날 미래학에서 사용되는 주요한 방법론들이 체계적으로 정립되고 발전된 곳은 미국의 랜드연구소(RAND Corporation)다. 연구소 이름 랜드(RAND)는 Reseach ANd Development의 약어다. 미래예측의 가장 대표적인 방법론은 시나리오 기법과 델파이 기법인데, 이 두 방법론은 모두 랜드연구소에서 만들어졌다.

1948년 랜드연구소는 국방기술 수요와 사회발전 추세 예측 등 긴급한 국방 및 사회 현안 이슈에 대한 전문가들의 집단의견을 수렴하는 '델파이(Delphi) 기법'을 새로이 개발했다. 1950년대에는 허먼 칸(Herman Kahn)을 비롯한 미래연구 전문가들이 랜드연구소에서 무기 발전과 군사전략의 관계를 분석하기 위해 이른바 '시나리오 기법(Scenario Planning)'을 개발했다. 칸은 이후 핵전쟁이 일으킬 수 있는 결과를 점검한 『열핵전쟁에 대하여(On Thermonuclear War)』(1960)[17]라는 책에서 이 기법을 사용했다.

미국과 프랑스에서의 본격적인 미래학 연구

프랑스에서는 실존주의가 미래학에 영향을 미쳐 실존적 미래관이 풍미하게 된다. 사르트르 같은 실존철학자는 나치 지배를 겪은 탓에 "미래를 창조하는 데 가장 중요한 것은 개인의 자각"이라고 주장했다. 실제로 가스통 베르제(Gaston Berger)는 미래학과 국가정책을 연결하는 역할을 했다. 실업가, 교육가이기도 했던 베르제는 1957년 파리에 '국제미래전망센터'를 설립하고 "미래문제를 해결하기 위해서는 어떤 관점에서 미래를 바라볼 것인가 하는 것이 가장 중요하다. 아무리 꿈꾼다 해도 실제 계획을 세워 실행하지 않으면 미래는 창조되지 않는다. 과거와 미래, 현재가 연결되어 있다는 생각으로는 새로운 문명을 창조할 수 없다. 과거와 결별하는 용기가 있어야만 비로소 미래를 향하여 능동적으로 나아갈 수 있다. 미래란 스스로 준비하고 계획해 가는 것이다"[18]라고 강조했다.

한편 프랑스 현대 미래학의 선구자 베르트랑 드 주브넬(Bertrand de Jouvenel, 1903~1983)은 1964년에 『추측의 기술(L'Art de la conjecture)』을 출판해 미래예측에서의 철학적 원리를 제공했다.[19] 드 주브넬은 원래 작가이자 언론인이었는데, 법학자,

정치학자, 경제학자로 활동하기도 했다. 그는 예의 가스통 베르제와 더불어 프랑스에서 전망(prospective)이론의 선구자였다. 드 주브넬은 「퓌티리블(Futuribles)」이라는 잡지를 창간해 가능한 미래(futurs possibles)에 대한 성찰에 많은 기여를 했다. 퓌티리블은 미래를 의미하는 프랑스어 'futurs'와 '가능한'이라는 뜻의 'possibles'을 결합해 만든 이름이다. 「퓌티리블」은 1974년에 창간된 미래학 전문 월간지로 매월 5,000부가 발행되고 있고 주로 프랑스어권 국가들에 배포되고 있다.

1965년에는 미국 예술과학아카데미가 '2000년의 인류위원회'를 구성했고 1967년에 미래예측과 대안제시를 위한 보고서를 펴냈다. 이 보고서는 이를테면 미국 최초의 본격적인 미래학 연구서라고 할 수 있다. 미래학은 1972년 매사추세츠 공과대학(MIT)의 데니스 메도스(Dennis Meadows) 연구팀이 『성장의 한계(The Limits to Growth)』라는 책을 발표하면서 더욱더 대중적인 주목을 끌기 시작했다. 당시 30세도 채 되지 않았던 젊은 연구자 데니스 메도스와 그의 동료들은 로마클럽의 의뢰로 연구를 했는데 슈퍼컴퓨터를 이용해 엄청난 분량의 자료를 분석했다. 그들은 지구의 다양한 사회·경제적 동향과 그 상호작용에 대한 가설에 보고서의 초점을 맞췄다.

한편, '로마클럽(The Club of Rome)'은 1968년 4월 서유럽의 정계·재계·학계의 지도자들이 로마에 모여 결성한 국제 비영리단체인데, 이 조직 역시 미래연구에 지대한 관심을 갖고 있다. 메도스가 이끈 MIT 연구팀의 보고서는 인구증가, 산업팽

창, 공해 등이 지금과 같은 속도로 계속되면서 식량 생산부족 및 천연자원 고갈과 결합하면 세계 질서가 무너지고 말 것이라는 맬서스적 견해를 제시했다. 또 이런 추세를 상쇄하려면 끝없는 성장에 대한 신념과 낭비에 대한 묵인을 재평가하는 '코페르니쿠스적 정신 혁명'이 필요하다고 주장했다.[20]

미래학의 요람 미국 랜드연구소

앞서 언급한 랜드연구소는 오늘날 미국의 안보전략 및 지구적 이슈를 연구하는 글로벌 싱크탱크(think-tank)로 유명하다. 미래학 연구의 관점에서 보면, 미래예측의 가장 중요한 두 가지 방법론인 시나리오 기법과 델파이 기법이 모두 이 연구소에서 고안되었다는 점에서 현대 미래학 연구의 요람이라고 할 수 있다.

시나리오 기법은 미래의 가능성을 추론하면서 생성되는 복수의 시나리오를 논리적으로 전개하는 방법이고, 델파이 기법은 여러 전문가(experts)의 집단적인 의견과 지식을 수렴해 하나로 통합하면서 미래가능성을 예측하는 방법이다.

원래 이 연구소는 1946년 미 공군의 'RAND 프로젝트'의 형태로 시작돼 1948년 헨리 아놀드 장군, 도날드 윌리스 더글라스 주니어 등에 의해 정식으로 창립되었다. 민간 과학자와 기술자들이 만든 비영리적 연구개발 기관으로 출발해 처음에는 주로 미 공군에 연구 및 분석을 제공하는 역할을 수행했다.

하지만 점점 미 정부뿐만 아니라 다른 나라 정부와도 파트너
십을 확대했고 사설재단이나 국제기구, 통상기구와도 협력관
계를 넓히면서 발전을 거듭해 오늘날에는 글로벌 싱크탱크이
자 국제적인 연구기관으로서의 지위를 공고히 하고 있다. 이
연구소는 게임이론과 미분기하학 분야를 연구해 1994년에 노
벨 경제학상을 수상한 존 포브스 내시(John Forbes Nash Jr.,
1928.6.13.~)를 주인공으로 하는 영화 <뷰티풀 마인드>에도
나와 일반인들에게도 제법 잘 알려져 있다.

랜드연구소의 업적은 무엇보다 시스템 분석으로부터 시작
되었다. 또한 이 연구소는 미 공군 소속 아놀드 장군의 제안
으로 출발했기 때문에 연구 성과가 컴퓨터 및 인공지능 분야
와 연계된 우주 시스템 분석, 미국 우주프로그램 등에서 많
이 나왔다. 초창기에는 냉전시대 미국의 전략수립에 큰 영향
을 미쳤으며, 안보문제, 미국의 군사전략 뿐 아니라 테러리
즘·보건·지정학·교육 시스템에 이르기까지 방대한 연구결과
를 냈다.

랜드연구소는 현대적 미래예측의 방법론을 만들어낸 것은
물론이고 획기적 발명을 통해 현대 과학기술 발전을 선도하기
도 했다. 날씨나 길을 알려 주는 위성항법장치(GPS)는 이 연구
소의 버즈 앨드런의 연구에 의해 만들어졌고 PC는 폰 노이만
이, 인터넷은 폴 배런이 고안한 것이다.

오늘날 랜드연구소는 에너지, 노동시장, 환경, 기업경영, 정
보정책, 위기관리, 재난예방, 인구문제, 과학기술, 사회보장,

교통문제 등 지구적 현안에 대한 거의 모든 연구를 수행하고 있다. 1974~1982년에는 건강보험에 대한 엄청난 규모의 중요한 연구를 수행한 것으로 유명하다. 하지만 여전히 전략문제에 대한 연구가 가장 많은 비중을 차지한다. 2005년 연례보고서에 의하면, '랜드연구소 연구의 절반 정도는 국가안보문제에 관한 것'이다.

현재 랜드연구소는 약 1,600명의 직원을 보유하고 있는 초대형 연구기관이다. 캘리포니아 주 산타 모니카에 위치한 본부를 비롯해 워싱턴 D.C., 펜실베이니아 주 피츠버그, 영국의 케임브리지, 벨기에의 브뤼셀 등 국내외 다섯 개의 주요 도시에 걸친 연구소 네트워크를 갖고 있다. 2008년 회계연도 기준으로 연간 예산은 약 2억 3,000만 달러(한화 약 3,200억 원) 규모이다. 랜드연구소가 내걸고 있는 슬로건은 '연구 및 분석을 통해 정책과 정책결정의 개선을 돕는다(To help improve policy and decision making through research and analysis)'이다.

연구소 창립 후 60여 년 동안 랜드연구소는 30명 이상의 노벨상 수상자를 배출했다. 이들 노벨상 수상자들은 랜드연구소 소속이거나 아니면 연구소의 프로젝트에 참가한 사람들이다. 수상자 리스트를 보면, 랜드연구소의 창설자인 헨리 아놀드 장군, 경제학자 케네스 애로우, 중성자탄을 발명한 새뮤얼 코헨, 『역사의 종말』의 저자 프랜시스 후쿠야마, 시나리오 기법의 창시자 허먼 칸, 노벨 평화상을 수상한 헨리 키신저, 군사전략가 앤드루 마셜, 경제학자 폴 새뮤얼슨 등 미국 지성을 대표하는 두뇌들이 대거 포함되어 있다. 랜드연구소는 무엇보다 전략적인 미래예측을 과학적 방법론으로 정립한 최초의 연구소라는 점에서 의의가 크다. 현대적인 미래연구는 랜드연구소에서 시작됐다고 해도 과언이 아니다.

랜드연구소의 미래예측 선구자들은 이후 각자 독자적인 연구소를 설립해 미국의 미래학을 이끌어갔다. 허먼 칸은 허드슨연구소(Hudson Institute)를, 올라프 헬머는 미래연구소(Institute for the Future)를, 데이비드와 마빈 애델슨은 시스템개발연구소(System Development Corporation)를 만들었고, 시어도어 고든은 1971년에 미래연구를 비즈니스에 접목시킨 미래전략그룹(Future Group)을 설립했다.

랜드연구소에서 처음 기법이 만들어지고 본격적으로 시작된 미래예측은 1960년대, 1970년대를 거치면서 전 세계로 확대되기 시작했다. 헬머와 고든은 미래예측 기법을 이용해 미래예측 게임기인 '퓨처(Future)'를 개발했고, 허먼 칸은 자신이 설립한 허드슨연구소를 중심으로 시나리오 기법을 발전시켜 나갔다.

바텔연구소 등과 함께 미국을 대표하는 싱크탱크로 손꼽히는 SRI(Stanford Research Institute) 역시 미래예측 기법의 발전에서 큰 역할을 했다. 원래 SRI는 스탠포드 대학의 신탁하에 1946년에 지역 경제발전을 지원하는 혁신센터로서 만들어졌다. 시나리오 기법의 대가인 피터 슈워츠, 아놀드 미셸 등이 이 연구소 출신이며 그들은 SRI를 랜드연구소에 필적하는 권위 있는 연구소의 반열에 올려놓았다. 1980년대 들어 'SRI의 세 까마귀'라는 별명이 붙은 폴 호킨, 제임스 오길비, 피터 슈워츠는 공동연구로 미래예측 기법을 활용해 1990년대의 기술, 경제, 시장의 미래상을 대담하게 묘사했다.[21] SRI의 연간예산은 2006년 회계연도 기준으로 3억 800만 달러 규모이고 본부는 캘리포니아 주 스탠포드 대학 근처 멘로 파크에 위치해 있으며 현재 커티스 칼슨(Curtis Carlson) 박사가 CEO를 맡고 있다.

유럽에서는 1970년 덴마크에서 OECD 사무총장 및 재무장관을 역임한 토르킬 크리스텐센에 의해 코펜하겐 미래학 연구소라는 초대형 연구기관이 설립되었다. 스웨덴에서는 1973년 총리실 산하에 미래전략을 연구하는 미래연구국 (Swedish Secretariat for Futures Studies)이 창설되었다가 이후 1988년에 미래연구소(Swedish Institute for Future Studies)로 바뀌었다.

세계미래회의, 세계미래연구연맹의 창립

랜드연구소, SRI 등의 미래연구 선두 그룹 외에도 선진국을 중심으로 본격적인 미래학 연구단체나 연구소들이 하나둘씩 생겨나면서 미래학 연구는 점점 활기를 띠기 시작했다.

1966년 미국 메릴랜드 주 베데스다(Bethesda)에서 '세계미래회의(WFS, World Future Society: '세계미래협회'로 번역되기도 함)'가 창립된 것은 현대 미래학 연구사에서 뚜렷한 전기로 기록될 만하다. 이 기관은 비영리단체이며 사회·경제·기술적인 발전이

어떻게 미래를 만들어 가는지를 전문적으로 조사하고 연구하는 연구단체이다. 세계미래회의는 연례 회의(annual meeting)를 개최하고 있는데, 이 회의는 미래학 연구자, 전문가들이 모여 세미나, 강연 등을 통해 미래문제에 대한 전문적인 의견을 교환하는 미래학 분야의 가장 중요한 행사가 되었다.

오늘날 80여 개국 약 25,000명의 전문가들을 회원으로 보유하고 있는 거대 기구로 부상한 세계미래회의는 웹사이트(www.wfs.org)를 통해 디지털 라이브러리 리소스를 제공하고 있으며 동시에 「더 퓨처리스트(The Futurist)」라는 미래연구 전문지를 발간하고 있다. 한편 WFS는 세계의 미래가 어떻게 될지에 대한 공식적인 입장을 취하지는 않으며, 대신 가능한(possible) 미래, 그럴 법한(probable) 미래 또는 바람직한(preferable) 미래를 연구하는 중립적인 입장의 포럼을 조직하는 역할을 하고 있다.

한편 1967년에는 유럽에서 학술적 차원의 전문적인 미래연구를 위한 국제 네트워크가 만들어지는데, 이것이 '세계미래연구연맹(WFSF, World Futures Studies Federation: '세계미래학회'로 번역되기도 함)'의 출발점이다. 프랑스 현대 미래학의 선구자 베르트랑 드 주브넬, 노르웨이 출신의 세계적인 평화연구가 요한 갈퉁, 존 맥헤일, 로버트 융크 등 1960년대에 미래연구의 기본 개념을 정립했던 선구자들은 1967년 노르웨이의 수도 오슬로에서 최초로 국제 미래연구 컨퍼런스를 개최했다. 이후 네트워크의 위원회가 파리에 만들어졌고 1970년에는 도쿄에서,

1972년에는 루마니아 부카레스트에서 국제 컨퍼런스가 열렸다. 이런 후속적인 노력에 힘입어 1973년 5월 26일 마침내 파리에서 창립 컨퍼런스와 함께 세계미래학회가 정식으로 발족했다. 프랑스의 세르쥬 앙투완느, 베르트랑 드 주브넬, 독일 내무장관 페터 멘케글뤼케르트, 이탈리아의 엘레노라 마시니, 폴란드의 앙드레이 시신스키 등이 창립멤버로 참여했고, 퓌튀리블 협회의 베르트랑 드 주브넬(1973~1974)이 초대 회장을 맡았다. 그 후 요한 갈퉁(1974~1977), 제임스 데이터(1990~1993) 등을 거쳐 현재 회장은 2005년에 취임한 프랑스의 여성 미래학자 파비엔느 구보디망(Fabienne Goux-Baudiment)이다. 구보디망은 1960년생으로 프랑스에서 정치학, 경제정책 및 분석 등을 공부하고 로마 그레고리안 대학에서 미래학 연구로 박사학위를 받았다. 그녀는 1994년에 미래연구에 기반을 둔 컨설팅을 수행하는 민간기업 '프로젝티브'(www.proGective.com)를 설립해 이끌면서 각국 정부 및 지방자치단체의 미래연구 프로젝트에 참가해 온 젊은 여성 미래학자이다.

파리에 본부를 둔 WFSF는 정례적인 국제 컨퍼런스를 개최하면서 글로벌 수준의 미래연구를 선도했다. 1975년에는 베를린, 1977년에는 폴란드의 바르샤바, 1978년에는 이집트의 카이로, 1982년에는 스웨덴 스톡홀름에서 컨퍼런스를 열었고 최근에는 2005년 헝가리 부다페스트에서 개최했다. WFSF는 미래연구 전문가 개인이나 미래연구단체가 회원으로 참여할 수 있는데 세계 60개국 이상의 개인회원 300여 명과 기관회원

20개를 보유하고 있는 권위 있는 미래연구 국제 네트워크다.

기관회원으로는 핀란드 미래연구센터(Finland Futures Research Centre), 포사이트 캐나다(Foresight Canada), '폴란드 2000 플러스' 예측위원회(The 'Poland 2000 Plus' Forecast Committee), 휴스턴 대학교 클리어 레이크 시티, 러시아미래연구아카데미(Russian Futures Studies Academy), 미국의 저명한 미래학자 클렘 베졸드(Clem Bezold)가 이끄는 대안미래연구소(Institute for Alternative Futures), 이집트 총리실 산하 미래연구센터(The Centre for Futures Studies), 한국의 유엔미래포럼-밀레니엄 프로젝트(UN Future Forum/Millennium Project Korea Node: 대표 박영숙) 등이 등록되어 있다.

세계미래회의와 세계미래연구연맹은 미래학 연구 분야의 가장 중요한 두 개의 국제단체다. 세계미래회의가 미국의 미래학자들의 주도로, 미국을 본거지로 운영되고 있다면 유럽의 중심지 파리에 본부를 두고 있는 세계미래연구연맹에는 유럽의 미래학자들이 대거 참여하고 있어 미래학 연구에서도 미국과 유럽은 묘한 균형을 이루고 있다.

1970년대에 들어 미국을 중심으로 대학에 미래학 관련 강좌가 개설되면서 미래학은 하나의 학문으로 정착되기 시작했다. 1971년 하와이 대학에는 제임스 데이터(James Dator) 교수가 이끄는 미래학연구센터(Hawaii Research Center for Futures Studies)가 만들어졌다. 미국을 대표하는 미래학자 제임스 데이터는 버지니아 공대 정치학부에서 처음으로 미래학을 소개했는데, 이것이 강단에서의 '최초의 미래학 강의'로 알려져 있다.

제임스 데이터는 하와이 대학 미래학연구센터뿐 아니라 1977년에는 대안미래학(alternative futures) 분야 석사학위 과정을 개설해 미래학을 가르치면서 미래학자와 전문적인 미래예측 전문 컨설턴트를 배출하고 있다. 특히 데이터의 미래학연구센터는 하와이-마노아 대학 정치학부와 연계되어 있어 미래학 연구로 박사과정까지 할 수 있는 전 세계적으로 몇 안 되는 곳으로 유명하다. 1975년에는 휴스턴 대학교 클리어 레이크에도 미래학 석사학위 과정이 개설되었다. 이렇게 미래학 선구자들의 연구로 시작된 미래연구는 대학 학위 과정에 편입되면서 학문적 영역으로 자리 잡아갔다. 하지만 유럽에는 여전히 미래학으로 학위 과정이 정식으로 개설되어 있는 대학이 거의 없다.

한국에서의 미래학과 미래예측

한국에서도 급속한 경제발전과 함께 서구의 영향을 받아 미래예측과 미래학에 대한 관심이 높아지기 시작했다. 서구사회에서는 1960년대 말부터 산업사회와는 근본적으로 다른 이른바 '후기산업사회'의 도래에 대한 담론이 제기되었다. 후기산업사회론의 선구자는 프랑스의 사회학자 알랭 투렌과 미국의 사회학자 다니엘 벨이다. 후기산업사회론의 대두에 따라 사회변동에 대한 관심이 더 높아졌고 이에 따라 미래사회 변동의 방향을 탐구하는 미래연구도 가속화되었던 것이다. 한편 발전도상국의 경우는 서구식 근대화를 미래상으로 하여 미래를 앞당기는 노력의 형태로 미래탐구가 시작됐다. 미래의 가능성을 설정하고 그 실현을 위해 오늘의 계획을 세우는 식이 되다 보니 미래연구는 처음에는 '발전학'의 형태로 출발했다. 우리나라는 일찍부터 경제개발 5개년 계획 등 중장기 발전계획을 성공적으로 추진했던 나라로 발전학으로서의 미래탐구가 활발했던 나라였다. 한국에서의 미래탐구는 장기적인 사회발전계획을 모색하면서, 과학기술에 바탕을 두고 인문·사회를 아우르는 종합과학의 성격을 띠게 된다. 1960년대 말 한국미래학회의 창설은 한국 미래학의 서막이었다.

한국미래학회는 1968년 7월 6일 아카데미 하우스에서 '한국 2000년회'라는 이름으로 발족했다.[22] 발기인은 권태준, 김경동, 이한빈, 이헌조, 전정구, 최정호 등 6명이었고 창립 당시 정회원은 35명, 특별회원은 3명이었으며, 박종홍이 명예회원으로 참여했다. 창립과 함께 이날 처음으로 월례회가 개최되었는데 김학소가 '우리나라 국토개발의 미래상'이라는 주제로, 류동식은 '신학 분야에서 본 미래 문제', 조가경은 '최근 북미에 있어서의 미래문제 연구의 동향'을 주제로 각각 연구 발표를 했다. 이 발표회는 우리나라 최초의 미래연구 발표회라고 할 수 있다.

1970년 4월 1일에는 학회지 「미래를 묻는다」 창간호가 발간되었고 그해 12월 25일에는 '방법론의 모색'이라는 주제로 학회지 2호가 간행됐다. 1971년에는 한국과학기술연구소 이름으로 완성된 「서기 2000년 한국에 대한 조사연구(Korea in the Year 2000)」라는 제목의 영문 보고서가 출간됐다. 이 보고서는 전문가 의견을 수렴해 미래예측을 하는 소위 델파이 기법을 적용한 한국 최초의 연구보고라는 데 큰 의의가 있다.

1973년에는 독일 프리드리히 에버트 재단의 도움을 받아 '한국의 국제환경' 등을 주제로 세미나를 개최했고, 1984년에는 대한상공회의소 100주년 기념행사의 일환으로 '상의 창립 100주년 기념 세미나: 2010년의 한국'을 개최했다. 1999년에는 유네스코 본부, 유네스코 한국위원회와 공동으로 '보편 윤리와 아시아 가치'를 주제로 국제 세미나를 개최했다. 초대 회장은 부총리 및 경제기획원 장관을 지낸 철학자 이한빈이고 제2대 회장은 서울대 환경대학원 명예교수이자 현 녹색성장 위원회 위원장인 김형국 교수이다. 현재의 회장은 2006년에 제3대 회장에 취임한 서울대 환경대학원의 전상인 교수가 맡고 있다.

한편 민간미래학 연구소로는 한백연구재단(1989)과 한국미래학연구원(1995) 등이 있다. 한백연구재단은 1989년 5월에 미래구상연구소라는 이름의 민간연구소로 발족했다가 1992년 현재의 재단으로 확대·발전되었다. 이 연구소는 원래 국내외의 제 현상과 미래에 대한 과학적 분석, 예측 및 전망을 통하여 '비전의 구체화'를 위한 청사진을 만들자는 취지로 만들어졌다. '한백'이라는 이름은 우리 민족과 사회의 장래를 위해 '늘 희고 깨끗하게 크고 맑은' 생각과 운동을 추구하자는 뜻에서 붙은 것이다.

한백연구재단은 1991년부터 뉴스레터 「델파이 라인」을 발간하고 있다. 초대 연구소장은 한양대 행정대학원의 공성진 교수였는데, 공 교수는 미국 클레어몬트 대학원에서 정치철학과 미래학으로 박사학위를 받았고 현재는 한나라당 국회의원이다. 2004년에는 국민대 정치외교학과의 김상회 교수가 제2대 소장으로 취임했다. 한백연구재단은 창립 이래 미래연구와 관련된 국내 심포지엄 및 국제회의를 개최해 오면서 변화 속에서의 한국의 미래지향점을 모색하기 위한 전문적인 연구를 하고 있다.[23]

김상회 회장은 재단 웹사이트에서 "미래는 현재의 연장선상에 놓여 있습니다. 보다 나은 세상을 만들기 위해서는 우리의 현재에 대한 냉철한 진단이 필요합니다. 그렇지 못하다면 우리가 꾸는 꿈들은 몽상에 불과할 것입니다. 이상은 높은 곳에 두되 두 다리는 굳건히 땅을 딛고 있어야 합니다. 꿈을 꾸지 않는 사람과 사회에 미래는 없습니다. 그러나 몽상에 사로잡힌 사람과 사회에도 미래는 없습니다"라고 밝히고 있다.

1995년 9월 15일에는 또 다른 민간연구소 한국미래학연구원이 창립되었다. 이 연구원은 사회 각 분야에 대한 미래연구로 미래에 관한 지식·정보를 개발·보급하고, 미시적·거시적 미래예측을 통해 대안적 미래를 제시함으로써 급증하는 미래 지식 및 정보에 대한 수요를 충족시키고 건전한 미래사회 구현에 기여함을 목적으로 하고 있다. 한국미래학연구원은 사회

각 분야에 관한 미래예측 연구를 수행하면서 '미래지식정보'라는 이름으로 미래학 DB를 구축해 천리안과 하이텔을 통하여 통신서비스(go fut)를 하기도 했다.

한편 우리나라에는 아직 미래학 관련 정식 학위 과정은 없다. 하지만 대학에 강좌로 개설된 경우는 있다. 대학에 개설된 미래학 관련 강좌로는 한국방송대학교의 '미래사회와 교육', 한양대학교의 '인간과 미래' 등이 있다.

한국의 미래학자나 미래연구전문가들은 세계미래회의, 세계미래연구연맹 등 국제 네트워크에도 적극적으로 참여하고 있다. 매년 열리는 세계미래회의에는 한국의 전문가들이 개인적으로 대거 참여하고 있다. 공식적인 한국 대표는 사단법인 유엔미래포럼의 박영숙 대표이다. 유엔미래포럼은 세계미래연구연맹에도 기관회원으로 가입돼 있다. 박영숙 대표는 현재 가장 활발한 활동을 하고 있는 미래문제 전문가로 주한 영국 대사관에서 18년 일했고 지금은 주한 호주대사관 공보실장으로 재직 중이다. 그녀는 『미래예측 리포트』 등 미래학 관련 도서를 펴내기도 했다.

박영숙은 2004년 미래연구클럽인 '코리아 2050'을 결성했는데, 이 모임은 오늘날 사단법인 유엔미래포럼-밀레니엄 프로젝트로 발전했다. 현재 전 국무조정실장 이영탁이 회장이며 박영숙이 한국 대표를 맡고 있다. 원래 유엔미래포럼, 즉 밀레니엄 프로젝트는 UN 대학교 미국위원회의 국제미래전략그룹(The Futures Group)이 주도하는 미래예측 연구 프로젝트로 시작됐다. 유엔뿐만 아니라 유엔 산하의 각 연구기관과 긴밀한 협조를 통해 글로벌 이슈, 미래 갈등 등의 문제해결 방안을 연구하는 단체이다. 유엔미래포럼은 1996년에 시작됐고, 현재 세계 50여 개국 1,500여 명의 미래 전문가, 학자, CEO, 기업인, 개인 등이 연구에 참여하고 있다. 1996년부터 3년간 유엔, 미국 환경보호청, UNDP, UNESCO 등의 재정 지원을 받아 델파이 기법, 시나리오 기법, SOFI 등의 방법으로 미래예측 연구를 하고 있다. 1997년부터 연례 미래연감인 『유엔 미래보고서(State of the Future)』를 매년 발간하고 있다. 유엔미래포럼 한국 지부의 성격을 띠고 있는 사단법인 유엔미래포럼은 2005년에 발기인 대회를 갖고 정식으로 발족했으며, 그간 해외의 저명한 미래예측가를 초청해 워크숍을 갖거나 강연회, 포럼 등을 꾸준히 개최해 왔다. 유엔미래포럼 초대 회장 테드 고든, 하와이 대학 미래학연구센터 소장 제임스 데이터 교수, 베네수엘라의 미래학자 호세 코르데이로 박사, 현 유엔미래포럼 회장 제롬 글렌 등 해외의 저명 미래학자들이 이 단체의 초청으로 방한했다.

한편 한국에서 미래학 연구의 씨앗을 뿌려 온 한국미래학회는 1990년대 초 이래 산, 물, 멋, 하늘, 땅, 불 등 한국인의 삶을 결정하는 기본 동인을 연구해 『한국인의 삶』(나남출판사, 1993~2001) 시리즈를 연속으로 출간했다. 한국미래학회는 2002년 이후의 학회활동의 기본주제를 '중국과 한국인의 삶'으로 잡았다. 역사적으로 그래 왔고 지정학적으로 그리고 지경학적으로 중국이라는 존재는 한반도의 생존과 번영에 있어서 결정적인 변수이기에 중국의 위상에 대한 중·장기적, 종합적 전망이 우리의 미래 전망을 위해 절대적이라고 판단했기 때문이다. 2003년에는 첫 연구 성과로『중국의 오늘과 내일』(나남출판사)을 내놓았다

연구단체나 그룹, 연구소 차원이 아니라 개인적인 차원에서 수준 높은 미래연구를 수행한 경우도 있다. 한국미래학회 초대 회장 이한빈은 1968년『사회변동과 행정』(영문 제목 Korea: Time, Change and Administration, 미국 동서문화센터)을 발간했고 정범모는 1989년에『미래의 선택』(나남출판사)을 단행본으로 출간했다. 최근에는 행정학자인 김광웅 서울대 명예교수가 한국과학문화재단(현 한국과학창의재단)의 지원을 받아 미래국가상을 그린 미래연구서『국가의 미래』를 발간해 주목을 끌었다. 김광웅 교수는 이 책에서 "역사는 지본사회(地本社會)에서 시작해 자본사회(資本社會)를 거쳐 이제 뇌본사회(腦本社會)로 진입했고, 미래사회는 창조사회이며 종합개념과 예술과 감성의 시대가 될 것"이라고 전망했다.24)

종합적인 미래연구는 민간연구소나 국책연구소가 수행하기에는 한계가 있기 때문에 보통은 정부 차원의 종합적 미래탐색의 형태로 이루어진다. 선진국에서는 각계 전문가들을 모아 미래연구 관련 국가위원회를 구성해 국가가 나아갈 방향, 즉 국가비전과 이를 달성하기 위한 세부 전략을 수립하는 국가 프로젝트를 진행하는 것이 일반적이다. 1980년대 말 우리나라

에서도 이런 인식이 시작돼 정부 차원의 미래탐색이 시도된
다. 1989년 6월 1일 공포된 대통령령으로 발족된 대통령 소속
자문기관 '21세기위원회'가 바로 그것이다. 이 기구는 대통령
의 국정 운영에 관한 정책 자문에 응하기 위하여 설치한 대통
령 자문기구로 주로 국가의 중·장기 전망과 전략의 제시, 현
안 정책과제에 대한 연구수행을 목적으로 만들어졌다. '21세
기 위원회'는 전문가들이 참여해 연구한 결과를 모아 『2020
년의 한국과 세계』(동아일보사, 1992)라는 제목의 미래연구서를
펴냈다. 1995년 6월에는 이 기구의 명칭이 '대통령 자문 정책
기획위원회'로 바뀌었다. 한편 이명박 정부 들어서는 미래사
회 전망과 국가정책을 기획하는 '미래기획위원회'가 새롭게
발족했다. 미래기획위원회는 대통령령 제20652호에 의하여
2008년 5월 14일 설치되었고, 미래사회 전망 및 미래생활과
관련된 총체적 국가 비전 및 전략 수립과 관련해 대통령에게
조언을 하는 역할을 한다.

미래예측과 미래경쟁력

미래예측과 기업경영

미래를 정확히 예측하는 것은 인간의 능력을 벗어나는 문제다. 아무리 뛰어난 미래학자나 전문가라고 하더라도 미래를 정확하게 예측할 수는 없다. 그럼에도 불구하고 미래예측은 필요하고 불가결하다. 예측은 아무리 해도 예측에 불과할 뿐이지만, 그래도 좀 더 과학적인 예측은 어느 정도 가능하다. 또한 예측의 정확도는 방법론이나 데이터의 신뢰도에 따라 충분히 높아질 수 있다. 실험이나 연구를 통해 진리나 법칙을 찾는 자연과학과는 달리 사회현상이나 인문현상을 다루는 사회과학이나 인문과학에서는 엄밀하게 말하면 진리나 법칙이 존재하지 않는다. 그래도 우리가 사회과학, 인문과학 등의 표현을 쓰는 것은 방법론적 정합성·객관성을 통해 과학성을 추구하고 있기 때문이다.

미래를 예측하는 능력을 '미래예측력'이라고 부르기로 하자. 미래예측력은 개인이나 조직, 기업이나 국가 모두에게 매우 중요한데, 특히 기업경영에서 미래예측력은 오늘날 창조적인 CEO가 갖추어야 할 기본적인 역량으로 손꼽힌다. 기업의 경쟁력은 미래에 대한 예측과 준비에 달려 있다고 해도 과언이 아니기 때문이다. 무한경쟁이라는 어려운 여건 속에서 유수한 글로벌 기업들과 어깨를 견주고 경쟁하기 위해서는 미래선점과 이를 위한 전략 수립이 절대 필요하다. 미래를 선점하는 기업은 자신이 준비해 온 시나리오와 전략에 따라 시장에 영향을 미침으로써 경쟁에서 유리한 고지를 차지할 수 있기 때문이다. 외국 굴지의 기업들을 보면 미래예측과 전략을 경영의 핵심 부분으로 보는 경우가 많다.

영국 최대의 기업인 브리티시 텔레콤(BT)은 아예 미래예측 전문가를 고용해 미래예측을 기업의 미래전략과 연계하고 있다. BT의 미래예측가가 바로 이언 피어슨(Ian Pearson)인데, 그는 영국이 자랑하는 세계적인 미래학자로 유명하다. BBC 방송은 연초에 피어슨을 통해 미래를 전망하는 프로그램까지 마련하고 있다. 피어슨은 원래부터 미래예측을 전공한 학자는 아니었다. 그는 영국 퀸스 대학에서 이론물리학을 전공했고, 1985년에 브리티시 텔레콤에 엔지니어로 입사해 컴퓨터 네트워크와 프로토콜 관련 일을 담당했다. 하지만 그에게는 기술 변화를 예측하는 타고난 재능이 있었고, 그 덕분에 1991년부터 BT의 미래예측 전문가로 재고용되었다. 이때부터 피어슨은 미래예측 전문가로 두각을 나타내기 시작했고, 85퍼센트가 넘는 예측 적중률로 세계적인 미래학자의 반열에 당당히 올라섰다. 그는 2001년 소니가 개 로봇 '아이보'를 출시하기 몇 해 전에 이미 애완로봇시대를 예측했고, 또한 지금 현실화되고 있는 무인 대중교통 수단의 상용화도 정확하게 예측했었다.[25] 그는 현재 FUTURIZON이라는 이름으로 자신의 미래예측 사이트(http://www.btinternet.com/~ian.pearson/)를 운용하고 있다. 이 사이트에 들어가면 "누구든지 예측은 할 수 있지만 그로부터 정확한 것을 얻는 사람은 단지 소수일 뿐이다(Anyone can predict stuff, but only a few get it right)"라는 말이 눈에 띈다.

한편 오일쇼크를 정확히 예측한 것으로 유명한 미래예측 전문가 피에르 왁(Pierre Wack)은 미래학을 비즈니스에 응용하는 방법을 정립한 사람이다. 왁은 원래 로열더치셸의 런던 사무소에서 국제유가에 영향을 미칠 만한 사태나 변화를 분석하는 일을 하고 있었다. 그는 OPEC(석유수출기구)가 기름을 무기화하여 국제적인 영향력을 확대하기 하기 위해 유가를 올릴 가능성이 큰 것으로 보고 석유가격을 재교섭하는 1975년이 변동시점이라는 예측을 했다. 그는 이 예측에 근거해 두 개의 시나리오를 준비했다. 하나는 '현상유지'라는 내용이고, 또 하나는 'OPEC의 일방적 선언에 의한 석유가격 급상승'이라는 시나리오였다. 로열더치셸의 중역들은 처음에는 왁의 예측 시나리오에 대해 긴급성을 인식하지 않았지만 왁의 완강한 주장을 수용해 경영전략을 재검토하기 시작했다. 결국 1973년 10월 제4차 중동전쟁 발발로 석유가격이 폭등하면서 오일쇼크가 밀어닥쳤고, 왁의 예측 덕분에 업계 하위였던 셸은 전쟁종결 후 세계 2위로 올라섰고 수익성 면에서는 세계 1위를 차지할 수 있었다. 피터 슈워츠 역시 로열더치셸에 합류해 기업의 장기 전략 수립에 미래예측을 응용하는 분야를 담당했다.

1970년대부터 1980년대까지 IBM, 엑슨모빌, GE, 벨 등 굴지의 기업들은 자사 내에 미래연구 및 예측을 담당하는 부서를 만들거나 미래예측가를 고문으로 초빙해 장기적인 기업전략 수립을 맡겼다. 구미의 기업들은 이렇게 1970년대 이후부터 경영전략에 미래예측이나 미래학을 응용하기 시작했다. 하지만 우리나라의 기업들은 아직까지도 미래 예측을 경영의 중요한 부분으로 인식하지는 못하고 있고 미래예측 활동도 그리 활발하지는 않다. 국내의 기업들은 미래 트렌드에 관심을 갖는 정도일 뿐이다. 글로벌 시장에서의 비전을 제시하는 CEO는 많지 않으며, 독자적인 기술 로드맵으로 미래전략을 준비하는 기업은 극히 일부의 대기업에 불과하다. 국내의 대기업들은 주로 그룹의 계열 연구소를 중심으로 기술예측과 미래 트렌드를 연구하고 있다.

삼성그룹의 경우는 삼성종합기술원이 기초소재, 원천기술 분야의 미래 기술에 대한 연구개발을 수행하고, 계열 연구소인 삼성경제연구소는 트렌드 분석이나 연구기능을 수행하고 있다. 특히 삼성경제연구소는 「CEO Information」「SERI 경제포커스」 등의 간행물을 통해 미래예측 관련 연구 결과를 발표하고 있고, 또한 매년 연초에 국내외 10대 트렌드를 선정해 발표하고 있다. LG그룹은 LG경제연구원 내에 '미래연구팀'을 만들어 운영하면서 국내 경제환경을 분석하고 중·장기적 위험과 기회를 예측하고 있다. SK그룹도 SK경영경제연구소에서 미래연구를 본격화하기 시작했다. 미래예측에 대한 기업의 관심이 높아지면서 기업 경영에서 미래예측 전문가들의 조언을 활용하는 사례는 점점 늘고 있다. 구미 기업에서 1970년대 이후 나타난 미래예측의 중요성에 대한 인식이 이제 국내 기업에서도 점점 확대되고 있는 추세이다.

미래예측과 국가전략

기업경영뿐만 아니라 국가 차원에서도 중·장기적 관점의 경쟁력을 확보하기 위해 미래연구가 필요하다. 국가전략 수립을 위해서는 대내외적인 환경의 변화연구와 자체적인 역량분석에 근거해 10년 후, 20년 후의 미래변화를 읽어 내야 한다.

미래연구에는 future resaerch가 있고 future studies가 있는데, 이 둘 사이에는 약간의 차이가 있다.[26] 강홍렬 박사에 의하면 future research는 '국가전략 수립을 전제로 10년 이내의 미래를 연구하는 것'이고, future studies는 '전략이나 정책의 수립을 전제하지 않고 20년 이상의 미래를 연구하는 것'이다.
보통 미래연구의 대상은 '예측가능한 미래'이다. 연구 대상으로서의 미래를 편의상 현미래(10년), 근미래(100년), 중미래(1,000년), 원미래(10,000년) 등과 같이 구분하는 경우도 있으나 학문적으로는 별 의미가 없다. 10년 후의 미래는 시간적으로는 그리 멀지 않을 수도 있으나 미래예측이라는 차원에서 보면 매우 먼 미래가 될 수 있기 때문이다.

3~5년 후의 미래는 변화의 추이, 즉 트렌드 분석을 통해 어느 정도 방향성을 예측할 수 있다. 10년 후의 미래는 미래연구에서는 굉장히 장기적인 미래이므로 큰 그림을 그려 낼 수 있는 정도이다. 국가전략의 수립은 현실 이해로부터 시작해 10~15년의 미래를 연구하고 이를 바탕으로 5~7년의 전략을 설계하는 과정으로 진행되는 것이 보통이다. 하지만 20년 이상의 미래는 예측의 정확도가 떨어지고, 구체적인 부분에 있어서는 예측조차 힘들다. 그러므로 국가전략 수립이라는 관점에서 20년 후의 전략이란 현실적으로 큰 의미가 없다.

한편 기업의 경우는 변화가 빠른 시장과의 긴밀한 관계 때문에 5년 후의 미래도 매우 먼 미래가 될 수 있다. 보통 기업이 제시하는 비전은 기업이 가고자 하는 방향을 구체화한 미래상을 말한다. 이때의 비전은 일반적으로 '3~5년 후의 미래'를 가리킨다.

국가의 미래상을 그려낼 때는 경제, 사회, 문화 등 모든 분야를 아우르는 총체적인 관점이 필요하다. 우리는 막연히 사회변화라는 말로 통칭하지만 사회변화 속을 들여다보면 금융, 법, 교육, 문화, 일상생활, 종교, 가치관, 사회운동, 정치, 제도 등 무수히 많은 요소들이 있다. 이 각각의 요소들은 독립적으로 존재하는 것이 아니라 서로 얽혀 있고 상호연관된다.

가령 자본주의적 시장경제는 경제 시스템이지만 시장경제에 맞는 제도와 법, 시장경제에 대한 가치관의 공유, 시장경제의 정당성에 대한 교육, 시장경제에 걸맞은 문화생활 등의 다른 요소들과 어우러져 있다. 법을 개정하면 법 개정에 따라 제도가 바뀌고, 제도가 바뀌면 거기에 맞게 사람들의 관계나 행동양식도 변화하게 되는 것이다. IMF 위기를 예로 든다면, IMF 위기는 원래 외환보유고의 부족이라는 금융위기로부터 시작된 현상이었지만 국가부도 사태로 이어지면서 정치, 경제, 사회, 문화의 각 분야에 걸친 총제적인 위기로 확대되었다. 경제현상을 경제적 관점만으로, 교육현상을 교육적 관점만으로, 정치현상을 정치적 관점만으로 분석하는 것은 근시안적이며, 이렇게 해서는 변화의 근본적인 실체를 파악할 수 없다.

경제학적 시각으로만 보면 시장변화도 수요·공급의 트렌드에 의존할 수밖에 없다. 이럴 경우 소비심리나 문화적 취향의 변화 같은 경제 외적인 변수는 고려할 수 없게 된다. 특정 분야는 그 나름의 특정 논리를 갖고 있다. 하지만 특정 분야의 관점에만 매몰되면 논리적 독자성(logical autonomy)의 오류에 빠져 전체의 변화를 놓칠 수 있다. 나무의 변화는 보고 전체적인 숲의 변화를 보지 못하는 오류에 빠질 수 있는 것이다.

미래연구도 마찬가지이다. 미래사회 변화의 한 부분만을 떼어 연구하는 것은 미래변화의 큰 흐름을 파악하는 데는 한계가 있다. 미래사회 변화는 정치제도, 경제질서, 문화현상, 일상생활 등 부분별 변화들이 서로 영향을 주고받으면서 일어나는 거시적인 변화이다. 거시적·총체적 시각에서 분야 간의 연관성을 잘 살펴야만 변화의 큰 흐름을 파악할 수 있다. 이 때문에 강홍렬 박사는 "미래연구는 경제·사회·문화적 시스템을 이해하고 확보하는 데 주안점을 두어야 한다"27)라고 강조한다. 미래연구를 위해서는 우선은 지금 현재의 세계가 어떻게 돌아가고 있는가를 이해해야 한다. 현재 세계를 이해하는 데도 '경제·사회·문화적 시스템'을 총체적으로 파악해야 함은 물론이다. 경제·사회·문화적 시스템은 크게 ①분야 간 상호작용의 구도(Cross-sectional structure of casual relations), ②중장기 진화 과정(Intertemporal evolutionary processes), ③시스템 외부의 환경 변화(Ad-hoc impacts) 등 세 가지 구성요소로 이루어진다. 또한 미래연구는 다양한 분야의 전문적인 지식과 데이터를 필요로 하며 이 때문에 분야별 전문가들의 협업이 요구된다. 경제·사회·문화적 시스템의 이해를 위해서는 분야별 전문가들이 대등한 입장에서 참여해서 대화와 토론을 통해 공통의 비전을 이끌어 내야 한다. 기존의 국가전략 수립에서는 특히 경제적 관점이 지배함으로써 사회·문화적 관점이 도외시된 경향이 있었다. 미래연구 전문가 역시 분야 간 전문지식의 연계성을 파악해 전체적인 그림을 그려 내는 안목이 필요하다.

미래연구는 미래를 정확하게 이해하기보다는 현재를 시스템적으로 정확하게 이해함으로써 미래의 도래를 미리 그려 보는 것이라고 할 수 있다. 미래연구에는 시스템적 이해가 절대 필요하고, 현재 시스템의 이해로부터 미래연구가 시작된다는 점이 중요하다.

미래를 예측하고 준비하는 유럽

미래는 예측하고 준비하는 자의 몫이라고 한다. '하늘은 스스로 돕는 자를 돕는다'는 서양 격언처럼 미래도 스스로 준비하는 자에게 유리하게 작용될 수밖에 없다. 우리가 과거 역사를 반추하고 현재에 충실한 것도 중요하지만 그것만으로는 뭔가 2% 부족하다. 다름 아니라 미래에 대한 예측과 준비가 필요한 것이다. 다가올 미래를 예측하면서 준비해 온 민족이 세계사의 주역이 되었음은 역사가 주는 교훈이다. 트렌드 분석, 미래예측, 시나리오, 델파이 조사, 데이터 및 통계분석 등은 모두 미래를 준비하는 유용한 도구들이다. 오늘날 유럽은 화려한 전성기를 구가하는 강한 대륙은 아니다. 하지만 유럽인들은 늘 미래를 생각하고 예측하며 준비하고 있다. 여기에 유럽인들의 숨은 저력이 있는지도 모른다.

덴마크의 코펜하겐미래학연구소
덴마크에는 세계적인 규모와 권위를 자랑하는 '코펜하겐미래학연구소(Copenhagen Institute for Futures Studies, www.cifs.dk)'가 있다. 덴마크가 자랑하는 이 세계적인 연구소는 재무부 장관과 OECD 사무총장을 지냈던 토르킬 크리스텐센에 의해 1970년에 설립되었다. 이 연구소는 그간 미래 연구를 통해 기업이나 기관이 중요한 전략 방향을 결정하는 데 있어서 이론적 토대를 제공하는 역할을 해 왔다. 특히 우리에게는 이 연구소의 소장이었던 롤프 옌센(Rolf Jenssen)과 그의 저서 『드림 소사이어티(The Dream Society)』가 잘 알려져 있다. 옌센은 여러 차례 방한하여 미래사회의 변화방향과 창조사회의 중요성에 대해 역설한 바 있고 우리 언론도 적지 않게 다룬 인물이다. 그는 예의 드림 소사이어티를 주창한 미래예측가이다.

드림 소사이어티에 대한 아이디어는 쌀쌀한 가을날 어느 아침회의에서 시작되었다. 주요 고객인 통신회사와 은행 사람들이 참석한 그 회의에서 우리 연구진은 앞으로 5~10년 후 시장의 변화와 사업 환경에 대해 발표했다. 우리의 발표를 들은 한 고객이 물었다. "정보사회 다음에는 어떤 사회가 도래할까요?" 우리는 그 순간 대답할 바를 몰라 혼란스럽고 불안했지만 간단히 대답했다. "걱정하지 마십시오. 정보사회는 상당 기간 지속될 것이고, 그 과정의 주요 관심사는 신기술을 적용하는 것입니다." 물론 그 대답을 찾게 되면 연락을 주겠다고 약속했다. 그 후 우리는 대답을 얻었고 고객들에게 연락했다. 다음에 도래할 사회는 드림 소사이어

티이다. 기업, 지역사회, 개인이 데이터나 정보가 아니라 이
야기를 바탕으로 성공하게 되는 새로운 사회이다.[28]

덴마크 코펜하겐미래학연구소는 21세기는 '필요 위주의 정
보(need-driven information)'에서 '이야기 주도의 상상력(story-driven
imagination)'으로의 변화가 기업에 큰 영향을 가져올 것이라 내
다보았다. 북유럽 미래학 연구 집단의 이런 분석은 전 세계 기
업인들에게 큰 반향을 불러일으켰다.

핀란드와 영국의 저력과 미래예측

또 다른 북유럽 국가 핀란드도 미래예측에 국가적 역량을
모으고 있는 나라로 유명하다. 노키아의 나라, 스칸디나비아
반도의 강소국 핀란드에서는 미래에 대한 관심과 투자가 그야
말로 국가적 차원에서 이루어진다. 국회 상임위원회 중에 미
래위원회가 있다는 것만으로도 주목할 만하다. 미래위원회는
정부의 모든 정책이나 예산에 있어서 미래전략이 적절하게 추
진되고 있는지는 관찰하고 조사하는 역할을 한다. 뿐만 아니
라 새 정부가 집권하면 반드시 15년 뒤의 미래사회를 예측해
비전과 미래전략을 국회에 제출하도록 법으로 정해져 있기까
지 하다. 서유럽과 러시아 사이에 끼어 중립외교 노선을 견지
하면서도 발달된 선진 복지국가를 건설해 온 핀란드의 저력은
미래에 대한 과학적인 예측과 착실한 준비로부터 나온 것이라
고 해도 과언이 아니다.

1994년 정부의 싱크탱크로 설립된 영국 미래전략연구소도 세계적인 명성을 갖고 있다. 2002년에는 미래전략연구소 등 미래전략을 담당하는 3개 기관을 총리실 산하 미래전략청으로 통합했다. 미래전략청은 빠른 속도로 발전하는 첨단과학에 대처하는 효율적인 미래전략과 첨단기술의 도전과 삶의 개선에 대해 연구한다. 핀란드와 영국은 각각 의회 주도로 또는 정부 주도로 미래를 준비하고 있는 것이다.

프랑스 최고의 수재, 자크 아탈리

유럽 지식인 사회에서도 미래는 언제나 최대의 화두가 되고 있다. 이 때문에 사회는 미래학자들의 분석에 귀를 기울이고, 미래학자의 전망은 지성계의 화제가 된다. '현존하는 프랑스 최고의 수재'라고 불리는 프랑스의 대표적 지성 자크 아탈리(Jacques Attali)는 1998년에 『21세기 사전』이라는 베스트셀러를 내놓았다. 1943년 알제리에서 태어난 아탈리는 프랑스 최고의 이공계 엘리트 학교인 에콜 폴리테크니크에서 공학을 전공했고, 명문 그랑제콜 에콜 드 민(광산학교)에서는 토목공학을 전공했다. 그 후 프랑스 고급관료 양성학교인 국립행정학교(ENA)를 거쳐 소르본 대학에서 경제학 박사학위를 받았다. 공학, 행정학, 경제학 등 이공계와 인문·사회계를 넘나드는 폭넓은 공부를 한 아탈리는 모교인 에콜 폴리테크니크와 소르본 대학에서 경제학을 가르쳤고 미테랑 사회당 당수의 경제고문을 역임했다. 1981년 미테랑이 좌파연합 후보로 대통령에 당선되자 그는 10여 년간 대통령 특별보좌관으로 일했다. 1991년부터 1993년까지는 유럽부흥개발은행(EBRD) 초대 총재를 지냈으며 현재는 자신의 이름을 건 컨설팅회사 '아탈리&아소시에'를 운영하고 있다. 교수, 정치인, 행정관료 등을 두루 거친 아탈리의 탁월한 혜안과 과학적인 분석은 언제나 프랑스 지성계에 방향타가 되었다. '아탈리의 미래 읽기'란 부제가 붙어 있는 『21세기 사전』에는 미래를 읽고 준비하고자 하는 프랑스 지성인의 고뇌가 녹아 있다.

어느 때보다도 예측이 필요한 시대다. 자동차가 속력을 낼 때 전조등은 더 멀리 비춰야 하는 법이고, 세상은 확실히 점점 더 빨리 돌아가고 있기 때문이다. (중략) 예측이 필요한 마지막 이유는 스스로 착오를 깨달음으로써 미래의 예측이 더욱 풍요로워지기 때문이다. 시행착오를 통해 우리가 기술혁명을 과대평가하고 관습, 가치, 예술, 혁명은 과소평가했다는 사실이 밝혀졌다. 우리는 시행착오를 통해 수학적 연역법에 의존하지 말고 신기술이 반드시 기득권에 유리하게 작용할 것이라고 생각하지 말아야 하며 주변적인 것에서 새로운 것을 찾아내야 함을 배운다. (중략) 미래를 예측하려면 인구변화나 기술변혁, 사회역학, 지정학적 적대관계, 이념의 이동, 대중의 격동 등 위험부담이 큰 요소에 대해 대담한 방법론적 도박도 할 수 있어야 한다.[29]

유럽인들은 그 어느 때보다도 과학적 트렌드 분석을 통한 미래예측에 관심을 집중하고 있다. 국가적 차원의 미래전략 입안은 물론이고 미래학 연구에도 힘을 쏟고 있다. 미래학자, 미래예측가들은 미래연구가 과학적 분석의 결과물이며 미래를 준비하는 유력한 방법이라고 역설한다. 유럽인들은 과학적인 예측과 분석을 통해 그들 나름대로 미래를 그리며 준비하고 있는 것이다.

국가미래상 그리는 포사이트 프로그램

미래예측력은 국가경쟁력의 핵심이다. 선진국은 우선은 첨단 기술 분야의 경쟁력이 높지만 미래예측 분야에서도 그 중요성을 인식하고 미리 정책적인 대비를 잘 하고 있는 나라들이다. 미래예측은 국가전략 및 정책 수립의 근거이자 출발점이 된다. 한 국가가 국가의 미래를 밝혀 줄 미래비전을 제시하는 것은 매우 중요하다. 구체적인 국가미래상을 그려 놓고 미래를 준비하는 나라와 그렇지 못한 나라는 결국에는 큰 차이가 날 수밖에 없기 때문이다.

미국은 1960년대 이후부터 국방부를 중심으로 미래예측을 본격화했고, 일본은 1970년대 초부터 미래예측 활동을 시작해 그 결과를 국가전략 수립의 기초자료로 활용하기 시작했다. 유럽에서는 1990년대 초부터 독일, 영국, 프랑스를 중심으로 이른바 '포사이트 프로그램'이 활성화되기 시작했다.

비전은 비과학적이고 임의적인 예견(prediction)이 아니라 사회공동의 의지와 바람이 담겨 있는 기대(anticipation)가 되어야 하고, 기술이나 트렌드 분석에 기반을 둔 예측(foresight)이 되어야 한다. 이 때문에 유럽 국가들은 기술예측을 국가 미래의 밑그림으로 생각해 중요시하면서 이른바 포사이트 프로그램을 활발히 수행하고 있다.

역사적으로 보면 미래예측은 '예견(prediction)'에서 '예측(forecasting)'으로 그리고 '포사이트(foresight)'로 발전되어 왔다. 예견(prediction)은 객관성·과학성이 부족한 예언의 수준이고 예측(forecasting)은 특정 연구 분야에서의 단기-중기-장기 미래를 평가(estimation)하는 것이다. 예측은 미래에 대한 체계적 관점이자 전략적 함의를 포함한 포사이트로 발전되었다.

포사이트 프로그램은 주로 기술예측을 통해 이루어지지만, 그것이 과학적 방법론에 기반을 둘 때는 미래를 만들어 가는 정책의 이론적 바탕이 될 수 있다. 코우테스(Coates, 1985)는 포사이트를 "정책형성과 기획, 의사결정 등을 위해 장기적인 미래에 형성되는 힘들에 대한 전체적인 이해의 과정에 이르는 프로세스"로 정의하고 있다. 요컨대, 포사이트는 기법(technique)이라기보다는 과정(process)이며 과학기술의 추동(science and technology push)과 시장수요(market demand)를 통합해 미래를 예견하는 것이 아니라 형성(shape)하는 것이라는 의미를 담고 있다.30)

미래학적 관점으로 본다면 가능한 미래(the possible), 일어날 가능성이 많은 미래(the probable), 바람직한 미래(the preferable) 등 다양한 미래가 가능하겠지만 포사이트는 주어지는 미래가 아니라 바람직한 미래를 예측하고 연구하는 것이라고 할 수 있다.

프랑스는 국립과학연구소(CNRS)를 중심으로 필드 서베이를 통한 장기 예측을 하고 있고, 최근 350쪽에 달하는 「테크놀로지 클레(키 테크놀로지) 2010」이라는 보고서를 제출한 바 있다. 산업부 주관으로 만들어진 이 보고서에서는 5년 후의 핵심기술을 전망해 과학기술 정책에 반영함으로써 기술혁신의 방향타로 삼고 있다.

덴마크는 테크놀로지 포사이트 2015 프로그램을 통해 시장과 사회의 수요에 대응해 미래기술 발전을 준비하고 이에 맞는 통찰을 제시하고 있다. 독일은 1993년에 일본 과학기술정책연구원(NISTEP)과 공동으로 델파이 기법을 이용해 포사이트 연구를 수행한 바 있고, 2001년부터는 '푸투어(FUTUR)'라는 프로그램을 수행하고 있다. 유럽 선진국들은 미래예측에서 주로 델파이 기법이나 시나리오 기법 등을 가장 많이 사용하고 있는데, 최근에는 시나리오 기법이 더 많이 사용된다.

영국에서는 서섹스 대학의 과학기술정책대학원(SPRU, Science Policy Research Unit)을 중심으로 포사이트 프로그램이 본격적으로 진행되고 있다. SPRU는 과학기술 및 혁신정책 교육, 연구, 컨설팅을 전문적으로 수행하는 대학연구소이자 대학원이다. 현재 40여 명의 연구·교수 인력과 100여 명의 대학원생이 있고, 운영예산의 대부분은 정부나 국제기구 등 외부 용역연구를 통해 충당하고 있다. 교육 과정은 학사·석사·박사·연구 과정으로 나뉘어 있는데, 좀 더 구체적인 커리큘럼을 보면 혁신기업의 전략구조, 첨단기술 산업의 연구개발과 기술변화, 국가 과학기술 체제의 재조정, 정보사회의 정치경제학 등으로 구성되어 있다.

SPRU는 이 분야에서 세계적인 권위를 갖고 있다. 1966년에 설립된 SPRU는 지난 40여 년간 과학기술 혁신정책 연구를 통해 꾸준히 미래를 준비해 왔다. 1980년대 중반 이후 설립된 네덜란드 마스트리히트 대학의 MERIT(Maastricht Economic Research Institute on Innovation and Technology: 혁신기술연구소)나 맨체스터 대학의 PREST(Policy Research in Engineering, Science and Technology) 등 혁신연구기관은 SPRU를 모델로 해서 만들어졌다. SPRU는 경제학, 사회학, 심리학, 공학 등 다양한 분야의 학제연구를 통해 과학기술 혁신 시스템을 연구함으로써 과학기술 행정과 정책의 기틀을 마련했고, 1980년대 이후에는 포사이트 프로그램으로 기술예측에도 크게 기여했다. 1983년 SPRU의 벤 마틴 교수는 영국 응용개발연구 자문회의의 요청에 따라 당시 프랑스, 독일, 미국, 일본의 포사이트 프로그램 연구를 수행해 보고서를 냈다. SPRU는 그 이후에도 호주, 캐나다, 노르웨이, 스웨덴의 활동을 조사·연구하는 등 지속적인 연구를 하고 있다. 기술예측 및 혁신정책 연구를 선도해 온 영국은 오히려 다른 선진국들의 포사이트 프로그램을 벤치마킹하면서 보다 과학적인 포사이트 기법을 연구하고 있다.

SPRU의 디렉터였던 벤 마틴 교수는 1980년대에 존 어바인과 함께 연구 미래예측(research foresight)에 관한 책을 펴내고 국가적 차원의 미래예측의 중요성을 주장했다.

미래예측은 연구에 대한 장기적 결정, 특히 여러 분야에 걸쳐 있는 활동들에 대한 통합이 중요한 곳에서 정책 결정을 촉진시키는 데 있어서 영향을 미치기 때문에, 적어도 원칙적으로는 그러한 복잡성과 상호 의존성에 잘 대처해 나가기 위한 체계적인 메커니즘을 제공한다.[31]

우리나라의 미래전략

우리나라에서도 1990년대 들어 과학기술에 기반을 둔 미래예측 연구의 중요성에 대한 인식이 본격화됐다. 1994년에는 처음으로 과학기술예측조사가 실시됐고, 1999년에 제2회 과학기술예측조사가 실시되었다. 참여정부는 역대 정권 중 과학기술에 대한 지원이 두드러졌던 정부였다. 과학기술 중심 사회를 국가의제로 내세웠고, 과학기술 혁신 체제 구축, 정보과학기술보좌관 신설, 국가과학기술위원회 강화 등 실질적 과학기술 지원 정책을 실행했다. 때문에 과학기술에 기반을 둔 미래사회 전망에 대해서도 많은 정책적 관심을 기울였다. 참여정부는 산업자원부에 미래생활전략본부(2004), 정보통신부에 미래전략본부(2006)를 두는 등 미래예측 관련 부서를 만들었고, 정부 차원의 국가미래를 설계해 '비전 2030'을 발표하기도 했다.

2004년에 다시 제3회 과학기술예측조사(2005~2030)가 시행되었다. 정부는 정확성을 기하기 위해 과학기술 전문가 130여 명으로 기술예측위원회를 구성하고 이들로 하여금 미래사회의 변화전망과 이에 따른 우리 사회의 '요구'를 15개 이슈로 도출해 냈다. 위원회는 이 15개의 이슈와 문제를 풀기 위한 기술개발 과제 761개를 이끌어 내고 이 기술 과제를 놓고 1·2차에 걸쳐 각각 3만여 명의 전문가들을 대상으로 기술 실현 시기에 관한 설문조사를 실시한 뒤 5,000여 명으로부터 응답을 얻어 이를 분석, 미래 기술 실현 시기를 도출하고 이에 따른 생활상의 변화를 그려 냈다. 하지만 이런 방대한 작업에도 불구하고 미래사회의 전망에 대한 분석을 주로 해외자료에 의존했고 한국의 특수한 사항을 고려한 분석 시스템이 적용되지 않는 등의 문제점이 지적되었고 이 때문에 KISTEP은 2007년에 다시 '제3회 과학기술예측조사 수정보완' 연구 사업을 수행했다. 그 결과, 한국적 상황을 고려해 메가트렌드[32] 간의 상호연관 관계와 분야별 파급효과를 분석하고, 구체적인 미래사회의 니즈를 도출했고, 보다 구체적인 형태의 수단(기술적 대안 포함)인 유망 서비스를 니즈와 미래전략기술 사이에 매개시킴으로써 보다 논리적이고 니즈와의 연관성이 높은 미래전략기술을 도출할 수 있었다.[33] 이렇게 과학기술예측조사도 방법론적으로 점점 진화되고 있고, 미래예측조사가 국가전략과 연계되도록 정부의 노력도 계속되고 있다.

참여정부에서 이명박 정권으로 바뀌면서 새 정부는 교육인

적자원부와 과학기술부를 통합해 교육과학기술부로 개편했고
미래예측과 미래전략 추진을 위해서 대통령 직속 자문기구로
미래기획위원회(2008.5.)를 발족했다. 이 위원회가 다루고 있는
영역은 미래사회 전망, 기회요인과 위험요인의 분석에 관한
사항, 미래사회 통합과 인구, 환경, 교육, 문화, 에너지, 식량,
수자원, 건강, 정보통신과 미디어, 우주개발 등 미래생활과 관
련된 총체적 국가비전 수립에 관한 사항, 국가비전 및 전략에
대한 사회 각계의 의견수렴과 공감대 형성에 관한 사항, 미래
사회 예측에 기초한 전략과제의 설정에 관한 사항, 미래 발전
요인과 발전모델과 관련한 이슈의 연구·분석 및 대응 전략의
수립에 관한 사항, 대통령이 요구하는 미래사회 주요 정책의
연구 평가에 관한 사항, 경제·사회·환경을 통합하는 지속가능
한 발전을 위해 고려하여야 할 주요 정책과제에 관한 사항 등
광대하고 포괄적이다. 현재 위원장은 곽승준 고려대 교수이며,
위원회는 위원장과 기획재정부 장관, 대통령실 국정기획 담당
수석비서관 그리고 국가비전 및 전략에 대한 학식과 경험이
풍부한 자 중 대통령이 위촉하는 전문가 30명 내외 등으로 구
성된다. 뿐만 아니라 기획예산처와 재정경제부가 통합된 기획
재정부에는 미래전략정책관을 신설해 정부 차원에서 거시적
인 미래 관련 업무를 챙기고 있다.

미래학의 연구 기법과 미래학자

미래학은 시간을 다루는 분야이다. 지나온 시간은 정확한 데이터를 통해 검증 가능하지만 다가올 시간은 누구도 정확히 예측할 수 없다. 하지만 예측할 수 없다고 운명에 모든 것을 맡기고 수동적으로 상황에 대처할 수는 없는 법이다. 미래는 전혀 알 수 없는 미지의 영역이 아니다. 객관적 데이터와 과학적 추론, 합리적 해석을 통해 어느 정도 방향을 가늠할 수 있다. 가령 가능한 복수의 시나리오를 준비하고 여기에 맞게 몇 가지의 대책을 갖고 있다면 변화에 능동적으로 대처할 수 있고, 나아가 변화를 이용하거나 그 방향을 어느 정도 바꿀 수도 있을 것이다.

미래예측이나 미래학이 학문적인 방법론으로 가능한지에

대해서는 여전히 논란이 있다. 사회학의 창시자 오귀스트 콩트는 실증적인 지식이 가장 과학적이고 발전된 지식이라 갈파했는데, 여기서 이야기하는 실증(實證)이란 말은 실제로 증명할 수 있다는 뜻이다. 자연과학에서는 실험을 통해 진리나 법칙을 입증하고, 사회과학도 직간접적인 체험, 현장조사, 서베이(survey), 가상실험 등의 기법을 동원해 나름대로의 과학성을 추구한다. 하지만 미래예측이나 미래학은 미래사회를 연구대상으로 하기 때문에 누구도 절대 실증할 수는 없다. 이것이 미래학이 다른 학문과는 근본적으로 다른 점이며, 이 때문에 미래학이라는 학문은 존재할 수 없다는 비판도 있다. 하지만 사회과학도 엄밀한 의미에서는 실험이 가능하지 않고 진리나 법칙이 존재할 수도 없다는 점에 비추어 본다면, 비록 미래사회가 실증 가능하지는 않지만 방법론적 정합성과 객관적 자료 분석이 뒷받침된다면 미래학 또한 충분히 과학성을 담보할 수 있을 것이다. 반세기 이상의 연구를 통해 미래연구도 진화해 왔고 기법 또한 체계를 갖추어 왔다. 미래예측은 주먹구구식의 예견이 아니라 '투입-미래예측기법-산출'의 과정을 통해 나름대로 과학성을 추구하고 있다.

미래에 대한 연구는 계속 발전해 왔으나 미래예측 분야의 방법론에 대한 연구들은 이론적이기보다는 다양한 이슈를 강조하기 위한 적절한 프레임워크를 만들려는 실질적인 시도들이었다. 다양한 예측기법들을 통해 정량적 혹은 비정량적 요소들을 포함하는 예측결과를 도출할 수 있고 예측결과를 통해

미래의 변화상을 미리 대비할 수 있다.[34]

미래예측 방법론

미래예측 방법론 중 가장 일반적으로 이용되는 기법은 델파이 기법과 시나리오 기법이며, 패널 기법도 많이 사용되고 있다.

델파이 기법

우선 델파이 기법은 전문가의 경험적 지식을 통해 문제해결이나 미래예측을 하는 방법으로 '전문가 합의법'이라고도 한다. 미국 랜드연구소에서 처음 개발된 기법인데, 설문을 반복하여 특정한 주제에 대해 전문가 집단의 합의를 도출하는 방식으로 진행된다. 보통 세 번 정도의 설문조사를 하면 응답 간의 편차가 줄어들고 의견이 서로 비슷해지는 경향을 보이는데, 이 과정을 통해 전문가 의견을 수렴할 수 있다. 델파이 기법은 전문가들이 회의 장소에서 대면하는 과정을 없애고 전문가들의 익명성을 보장함으로써 보다 자유롭고 객관적으로 의견 수렴이 이루어지도록 해 준다.

델파이 기법으로 질문을 3회 되풀이하면 참가자 사이에 어떤 항목이 발생 가능성이 높으며 영향이 크다고 생각하는지가 분명해진다. 단, 델파이법으로 얻어 낸 의견의 일치는 현실 상황과는 관계가 없음을 알아 둘 필요가 있다. 전원의 의견이 완전히 일치하더라도 그 예측이 빗나가는 경우가 많기 때문이다. 그러나 적어도 그 시점에서 참가자의 생각은 전부 모아진 것이다. 이것이 바로 델파이법의 장점이다.[35] 유엔미래포럼의 밀레니엄 프로젝트, 북유럽의 수소 미래예측(Nordic H2 Energt Foresight) 등이 델파이 기법을 이용한 대표적인 사례이다.

시나리오 기법

시나리오 기법 역시 랜드연구소에서 처음 고안되었지만 이후 많은 미래학자나 미래예측 전문가들에 의해 정교해졌다. 허먼 칸 등이 시나리오 기법의 선구자지만 피에르 왁, 피터 슈워츠 등은 이를 더욱더 발전시키면서 실제 기업경영에 적용해 큰 성과를 거두었다. 이 기법은 '미래에는 어떤 일들이 일어날 것인가?', '이러이러한 일이 발생하면 어떻게 될 것인가?'에 대해 시나리오를 작성해 미래에 대비하는 방법이다.

마이클 포터(Michael Porter)에 의하면 시나리오는 예측(forecast)이 아니라 하나의 가능한 미래, 즉 미래가 어떻게 될 것인가에 대한 견해를 말한다. 피에르 왁은 시나리오가 ①현실에 대한 명확한 분석을 통해 불확실성을 구조화하고, ②세계가 어떻게 움직이는가에 대한 의사 결정자의 가정을 변화시킨다고 설명한다.[36]

시나리오는 대략 두 가지로 구별된다. 하나는 '탐색적 시나리오'로, 목표를 정하지 않고 현재의 변화 흐름과 환경의 추세 분석을 통해 인과관계를 중심으로 작성하는 시나리오이다. 또 하나는 '규범적 시나리오'로, 목표점을 정하고 거기에 도달하는 방법의 과정을 그린 시나리오이다. 보통은 탐색적 시나리오를 기본으로 하고, 여기에 규범적 시나리오를 대입하는 방식으로 시나리오를 작성한다.[37]

시나리오 기법의 최대 장점은 가능한 복수의 미래를 가정해 대비함으로써 미래의 리스크를 줄여 나갈 수 있다는 것인데, 3~4개의 시나리오를 준비하는 것이 일반적이다. 반면, 시나리오 기법의 약점은 가장 가능성이 높거나 중요한 시나리오는 아니지만 미래에 있어서 중요할 수도 있는 시나리오들이 무시될 수도 있다는 점이다.

미래학자 에릭 갈랜드는 충격/확률 매트릭스를 통해 네 개의 잠재 시나리오를 구성하는 것이 바람직하다고 설명한다. 시나리오가 두 개면 이분법적 태도를 초래하고, 세 개는 그릇되게 중간을 택하게 하는 경향이 있으며 다섯 개 이상은 혼란만 일으키지만 네 개면 중간이라는 선택 안이 없어 폭넓은 가능성을 제시할 수 있다는 것이다.[38]

패널 기법을 비롯한 그 밖의 기법들

한편 패널 기법은 12~20명으로 구성된 독립된 전문가 패널이 3~18개월 동안 주어진 토픽의 미래에 대해 집중적인 토론을 통해 결과를 도출해 내는 방식이다.[39] 그 밖에도 스캐닝, 트렌드 분석, 브레인스토밍, 비전 수립, 역사적 유추법 등 다양한 기법들이 있다.

미래예측의 주요 기법*

미래예측 기법	주요내용
스캐닝	신문, 잡지, 웹사이트 등 미래 변화 징후를 파악할 수 있는 미디어 조사를 통해 사건보다는 급속한 변화 트렌드에 초점을 둠
트렌드 분석	트렌드의 특징, 원인, 발전 속도, 잠재적 파급효과 등에 대한 분석
트렌드 모니터링	특정 커뮤니티, 산업, 분야별 트렌드 분석
시나리오 기법	몇 개의 가능한 시나리오를 작성하고 복수의 미래를 준비
델파이 기법	설문을 반복하여 특정한 주제에 대해 전문가 집단의 합의를 도출
패널 기법	전문가 패널의 집중적인 토론을 통해 결과를 도출
브레인스토밍	소그룹을 구성해 특정 주제에 대해 아이디어를 도출하고 문제해결 방법, 아이디어 매핑 등의 방법을 적용
비전수립	개인 또는 조직의 원하는 미래에 대한 체계적인 비전을 수립하고 과거·현재분석을 토대로 미래전략 방법을 도출
역사적 유추법	과거의 역사적 모습이나 현상과 작용하는 힘이 미래에도 유사하게 나타날 것이라는 가정하에 과거의 연장 또는 연속선상에서 미래예측

*류석상·박정은, 「유비쿼터스 사회를 읽는 시나리오 기법 현황과 과제」 참조

미래예측은 과정에 따라 크게 이슈의 확인, 통계적 분석, 창의적 예측, 우선순위 선정 등으로 나뉘는데 각각 다양한 방법들이 있다. 미래를 예측할 때는 먼저 ①어떠한 이슈가 존재하는지 확인하는 이슈의 확인(환경 스캐닝, 이슈 서베이, SWOT 분석

등)과 ②그러한 이슈가 어떻게 진행될지에 대해서 추정해 보기 위해 통계적 분석(회귀분석, 시뮬레이션, AHP 기법, Bayesian 모형, 형태분석 기법)과 창의적 접근(브레인스토밍, 전문가 패널, 시나리오, 델파이, 교차영향분석, 통찰적 예측, 실현성 예측)을 사용하며 ③마지막으로, 이상에서 통계적으로 추정하고 창의적 방식을 통해 나타난 미래의 상황을 우선순위로 분류하는 우선순위 접근(핵심기술 우선순위 기법, 로드맵 우선순위 기법)이 종합적으로 필요하다.40)

미래학의 연구자들

이런 미래예측의 방법으로 전문적으로 미래를 조사하고 연구하는 전문가를 우리는 미래학자(futurist 혹은 futurologist)라고 부른다. 미래학자는 일어날 일에 대한 예견을 위해 과거와 현재의 자료를 분석하여 이론을 수립하고 앞으로 나아가야 할 방향에 대해 주장을 한다. 미래학자라는 용어가 가장 먼저 사용된 것은 옥스퍼드 영어사전에 의하면 1842년경으로 당시는 기독교의 한 종파를 일컫는 말이었다고 한다. 1900년에서 1930년 사이에는 이탈리아와 러시아에서 새로운 예술의 종류로 이른바 미래주의가 나타났는데 이들은 과거를 부정하고 속도, 기술 그리고 급격한 변화를 추종하였다. 그러나 동시대의 쥘 베른이나 에드워드 벨러미, H.G. 웰스 같은 사람들은 이런 미래주의와는 관련이 없다. 1940년대에는 미래학을 연구하는 전문연구소인 랜드(RAND)나 SRI가 만들어졌고, 이들은 장기적 관점에서의 전략계획과 시스템적 트렌드 분석, 시나리오 개발 등에 대해 연구했다. '미래학(futurology)'이라는 용어는 독일계 미국 정치학자 오시프 플레이트하임이 처음 사용했다. 그는 제2차 세계대전 종결 무렵에 미래연구의 중요성을 강조하기 시작했고 1943년 「역사의 미래로의 확장」이라는 제목의 논문에서 미래학이라는 용어를 처음으로 썼다. 베르트랑 드 주브넬은 1963년 『추측의 기술』을 펴내 미래학의 이론적 기초를 다졌고, 홀로그래피 발견과 이론 연구로 노벨물리학상을 수상한 헝가리 출신의 영국과학자 데니스 가보(Dennis Gabor, 1900~1979)는 1964년에 기술문명의 미래에 대해 언급한 『미래를 발명하기(Inventing the Future)』를 펴내 미래연구에 기여했다. 오늘날의 관점에서 미래학자는 작가, 컨설턴트, 조직의 지도자, 조사연구자, 과학기술인 같은 사람들이 학제적으로 시스템적 사고를 통해 다양한 지구적 문제와 관련해 가능한 시나리오를 수립하고 기회를 파악하거나 만약에 닥칠지 모르는 위험에 대비하고자 하는 활동을 하는 사람을 말한다.[41]

미래학은 워낙 신생 학문이다 보니 애초부터 미래학을 전공한 미래학자는 거의 없다. 과학자, 엔지니어, 작가, 예술가 등 여러 학문적 실용적 배경을 가진 사람들이 각자의 방법론을 이용해 미래연구를 하는 경우가 많다. 테오도르 폰 카르만은 항공역학자였고, 허먼 칸은 물리학을, 피터 슈워츠는 항공공학을 전공했으며, 자크 아탈리는 프랑스 최고의 이공계 학교인 에콜 폴리테크니크를 졸업했다. 미래사회 변화의 가장 중요한 동인이 과학기술이다 보니 미래예측은 기술예측을 기반으로 할 수밖에 없고, 따라서 과학기술을 전공한 사람이 미래학자가 되는 경우가 많다. 하지만 미래학이라는 분야는 과학기술뿐만 아니라 정치, 경제, 사회, 문화 전체에 걸쳐 있기 때문에 학제적인(interdisciplinary) 연구와 전문가들 간의 협력을 필요로 한다.

오늘날 미래학자 중 가장 대중적인 사람은 앨빈 토플러(Alvin Toffler)이다. 토플러는 미래학을 전문가들의 영역에서 대중의 관심사로 끌어내려 미래연구를 활성화시킨 장본인이다. 그는 미래학자로 유명하지만 정작 시나리오 기법이나 델파이 기법 같은 미래예측 조사 방법론을 사용하지는 않으며, 창의적 직관에 의해 미래사회를 그리는 전통적인 방법을 사용하고 있다. 앨빈 토플러는 다른 미래 전문가와는 달리 저널리스트 출신인데, 1970년에 『미래의 충격(Future Shock)』이라는 책을 출간해 큰 반향을 불러일으켰다. 그는 미국 뉴욕대를 졸업한 후 과학, 문학, 법학 등 여러 학문 분야에 걸쳐 무려 다섯 개의 명예박사학위를 받았다. 그는 공장 노동자 생활도 했고 신문기자로도 활동했으며 경제지 「포춘(Fortune)」의 편집장과 코넬대학 객원교수를 역임하기도 했다. 무명의 저널리스트 토플러를 세계적 지식인의 반열로 올려놓은 것은 두 권의 책, 『미래의 충격』과 『제3의 물결』(1980)이다. 그는 『미래의 충격』에서 특히 '변화의 속도'에 주목했다. 과학기술의 급속한 발전으로

차츰 변화의 주기가 짧아지고 있다면서, 기술과 지식이 급변하는 반면 인간의 적응력은 이를 따라가지 못해 충격이 나타나고 있다고 토플러는 분석했다. 미래의 충격이란 다름 아니라 인간이 변화에 따라 겪게 되는 문화의 충격을 말한다. 새로운 사회의 특징으로 토플러는 '변화의 가속화와 일상성', '과학기술로 인한 새로움', '다양성' 등을 들었다.

존 나이스비트(John Naisbitt) 역시 미래학의 대중적 스타일이다. 『메가트렌드(Megatrends)』 『글로벌 패러독스(Global Paradox)』 등의 베스트셀러로 유명하다. 1982년 발간된 『메가트렌드』는 「뉴욕타임스」 선정 베스트셀러에 2년간 올랐고 전 세계적으로 800만 권 이상이 팔렸다고 한다. 그는 인문학과 과학 분야에 12개의 명예박사학위를 갖고 있고 하버드대 등의 방문교수로도 활동하고 있다.

미래학이 가장 앞선 미국의 경우는 오늘날 미래학이 하나의 학문으로 자리 잡고 있다. 앞서 살펴본 바와 같이 하와이 대학, 휴스턴 대학과 텍사스 대학에 미래학 학위 과정이 있고, 중·고등학교에 미래학 커리큘럼이 편성되어 있는 곳도 적지 않다. 플로리다 주에서는 매년 여름에 주 정부가 미래학 강좌를 주최하고 있고, 휴스턴 대학이나 볼스테이트 대학의 미래학부에서는 최근 연구 성과를 바탕으로 미래연구의 노하우를 소개하는 책을 출판하고 일반인을 위한 세미나도 정기적으로 개최하고 있다.[42]

미래학 연구가 발전해 오면서 연구 방법에 따른 다양성이 나타나고 관점에 따라 학파도 형성되었다. 일반적으로 미래학파는 외삽주의적 미래학파, 전이주의적 미래학파, 급진주의적 미래학파 등 3개로 크게 구분된다. 외삽주의학파(extrapolationist)는 변화가 돌발적인 것이 아니라 과거부터 현재까지의 변화추세가 미래로 연결되는 것으로 본다. 이들은 역사의 흐름 속에 사건이 존재한다고 가정하고 미래를 예측하는 보수주의적 미래학파이다. 일반적인 미래연구가 알려진 자료를 기초로 평가하고 예측하는 외삽주의적 방식으로 수행한다는 점에서 본다면 대부분의 미래학자들은 외삽주의적 미래학파에 속한다고 할 수 있다. 12개의 장기 추세모형을 제시한 허먼 칸 등이 대표적인 외삽주의 미래학자이다. 급진주의적 미래학파는 과거나 미래 역사를 불연속적이고 단절적인 것으로 보고 새로운 사회는 총체적 위기나 혼란으로부터 만들어진다고 주장한다. 전이주의적 미래학파는 한 사회의 변화가 이념, 가치관이 전도되는 총체적 변화가 아니라 오랜 기간을 거쳐 확산되는 점진적 변화로 보며, 어느 전환점을 통해 한 형태에서 다른 형태로 전환된다고 본다. 산업사회로부터 후기산업사회로의 이행을 주장한 다니엘 벨, 메가트렌드 예측을 통해 새로운 사회로 전이되는 방향을 설정한 존 나이스비트 등이 대표적인 전이주의 미래학파이다.

한편 하와이-마노아 대학의 미래학연구센터는 미래에 대한 단선적인 관점을 비판하며 복수의 미래에 대한 연구를 하는데 이들을 마노아 학파라고 부르기도 한다. 제임스 데이터 교수가 이끄는 마노아 학파의 핵심명제는 '미래는 예견(predict)하는 것이 아니고, 미래는 하나의 단선적인 세계가 아니라 여러 가지 가능성을 포함하는 복수의 영역'이라는 것이다. 마노아 학파 미래학자들은 미래는 과거나 현재로부터 거대한 관성에 의해 지배받는 결정론적인 것도 아니고, 계량적인 방법을 통해 기계적으로 예측할 수 있는 영역도 아니라고 주장한다. 미래 연구는 '미래의 이미지들(images of futures)'에 대한 연구이며 복수의 가능한 미래에 대한 연구라는 것이다. 제임스 데이터 교수는 "미래는 단수가 아니라 복수이며, 따라서 미래학이란 말은 영어로 future study가 아니라 futures studies라고 해야 한다"43)라고 강조한다.

미래에 대한 관심이 고조되고 미래학의 수요가 커지면서 미래학자의 역할은 점점 커지고 있다. 미래학자는 아마도 미래에 가장 인기 있는 직종이 될지도 모르겠다.

미래는 누구도 가 보지 않은 길이다. 과거 역사나 현재의 상태는 이미 주어진 것이지만 적어도 미래는 누구도 알 수 없다는 점에서 공평하다. 누가 성공할지 어느 나라가 미래 최강대국이 될지는 아무도 모른다. 바꾸어 말하자면 미래를 어떻게 준비하고 대응하느냐에 따라 누구든지 성공할 수 있고 어떤 나라도 강대국으로 부상할 가능성이 있다는 것이다. 미래가 신이나 절대정신에 의해 주어진 것이고 바꿀 수 없는 숙명 같은 것이라면 미래학은 아무런 의미가 없을 것이다. 미래는 준비와 대응을 통해 바꿀 수 있다는 점에서 무한한 가능성이

자 희망의 원천이다. 미래에 대한 관심은 바람직한 미래에 대한 희망이다. 미래예측과 미래학 연구의 활성화에 한국의 미래가 달려있다고 해도 틀린 말은 아닐 것이다.

미래는 우연히 일어나는 것이 아니라 오늘날 사람들의 활동이나 무활동을 통해 만들어 가는 것이다(The future doesn't just happen: People create it through their action — or inaction — today).

– 세계미래회의 웹사이트의 문구

미래학은 미래를 준비하기 위한 현재의 행동을 연구하는 것이며 미래전략 수립을 위해 과거와 현재를 분석하는 것이다. 그런 점에서 미래학은 현재학이며 시간에 대한 주체적·능동적인 관점이기도 하다.

1) 14세기경부터 유럽에서 사용된 그림 카드로 게임을 하거나 점을 보는 데 쓴다.

2) 피터 슈워츠는 미래예측 관련 컨설턴트로 특히 유명하다. 1988년 스튜어트 브랜드, 네이피어 콜린스 등의 동료와 함께 미래예측 관련 조사 자문회사인 글로벌 비즈니스 네트워크(GBN)를 설립해 중앙정보국(CIA)을 비롯한 정부기관, 보잉, 텍사코 등 민간 기업들에 대한 미래전망 컨설팅을 많이 수행했다. 슈워츠는 GBN을 '정보 사냥 및 수집 회사(information hunting and gathering company)'라고 불렀고 최고급 수준의 네트워크이자 기업연구 대행사로 규정했다. 또한 그는 스티븐 스필버그 감독의 <마이너리티 리포트>를 비롯해 <딥 임팩트> <스니커즈> <워게임즈> 등의 영화에서 미래사회의 모습에 관한 자문과 감수를 맡기도 했다.

3) 김경훈, 『트렌드 워칭: 미래를 읽는 9가지 기술』, 한국트렌드연구소, 2005 참조.

4) 아랍에미리트의 두바이에 건설되는 세계 최고층 건물이자 세계에서 가장 높은 인공 구조물로, 삼성물산이 시공사로 참여하여 연면적 49만 5,867제곱미터의 160층, 전체 높이 810미터로 건설하고 있다. 부르즈 두바이(burj dubai)는 영어식으로 버즈 두바이라고도 읽으며 아랍어로 '두바이의 탑'이란 뜻이다.

5) 김성태, 「또 다른 미래를 향하여-미래예측과 미래전략」, 『자연과학』(in 서울대학교 자연대학) 제25호, 2008년 겨울호 참조.

6) 델포이(Delpoe) 또는 델피(Delphi)는 신탁으로 유명한 고대 그리스의 도시인데 미국 랜드연구소에서 개발한 미래예측의 대표적인 방법론인 델파이 기법(Delphi method)의 이름은 고대 그리스의 델포이 신탁으로부터 따온 것이다.

7) 에릭 갈랜드, 손민중 옮김, 『미래를 읽는 기술』, 한국경제신문사, 2008 참조.

8) 하마다 가즈유키, 김창남 옮김, 『미래 비즈니스를 읽는다』, 비즈니스북스, 2006, 26~30쪽 참조.

9) 즈비그뉴 브레진스키, 김명섭 옮김, 『거대한 체스판: 21세기 미국의 세계전략과 유라시아』, 삼인, 2000, 43~44쪽.

10) 데이비드 오베이슨, 이창희 옮김, 『노스트라다무스의 비밀』, 해냄, 1999, 20쪽.

11) 하마다 가즈유키, 김창남 옮김, 『미래 비즈니스를 읽는다』, 비즈니스북스, 2006, 35~37쪽.

12) 김경훈, 『트렌드 워칭: 미래를 읽는 9가지 기술』, 한국트렌드연구소, 2005, 191쪽.

13) 루이스 코저, 신용하·박명규 옮김, 『사회사상사』, 일지사, 1978, 14쪽 재인용, 원 출처: 『*The Positive Philosophy of Auguste Comte*』(전 3권), Harriet Martineau 옮김, Bell, 1896.

14) 루이스 코저, 신용하·박명규 옮김, 『사회사상사』, 일지사, 1978, 19쪽 재인용, 원 출처. Auguste Comte, 『*Système de politique positive*』, Vol IV, 4th ed., Crès, 1912.

15) 하마다 가즈유키, 김창남 옮김, 『미래 비즈니스를 읽는다』, 비즈니스북스, 2006, 41쪽에서 재인용.

16) 하마다 가즈유키, 김창남 옮김, 『미래 비즈니스를 읽는다』, 비즈니스북스, 2006, 43~44쪽에서 재인용.

17) 이 책의 제목은 프러시아의 군사전략가 칼 폰 클라우제비츠의 『전쟁론(Vom Kriege)』이라는 고전의 제목에 빗대어 붙여졌다.

18) 하마다 가즈유키, 김창남 옮김, 『미래 비즈니스를 읽는다』, 비즈니스북스, 2006, 53~56쪽 참조.

19) Bertrand de Jouvenel, 『*L'art de la conjecture*』, Futuribles, 1964.

20) 에리히 폴라트·알렉산더 융, 김태희 옮김, 『자원전쟁』, 영림카디널, 2008 및 브리태니커 백과사전 참조.

21) 하마다 가즈유키, 김창남 옮김, 『미래 비즈니스를 읽는다』, 비즈니스북스, 2006, 72쪽.

22) 한국미래학회의 역사에 대한 내용은 학회의 공식 홈페이지(www.koreafuture.net)의 내용을 바탕으로 재정리했음.

23) 한백연구재단의 홈페이지(www.hanbek.org) 참조.

24) 김광웅, 『국가의 미래: 미래창조사회, 지식지도가 바뀐다』,

매일경제신문사, 2008.

25) 한국과학문화재단, 「주간과학문화」, 2003년 4월 15일자 참조.

26) 강홍렬, 「미래에 대한 연구-국가 차원의 연구 필요성과 추진」, 『국가발전을 위한 미래연구 추진전략 심포지움』, 정보통신정책연구원, 2005.

27) 강홍렬, 「미래에 대한 연구-국가 차원의 연구 필요성과 추진」, 『국가발전을 위한 미래연구 추진전략 심포지움』, 정보통신정책연구원, 2005.

28) 롤프 옌센, 서정환 옮김, 『드림 소사이어티: 꿈과 감성을 파는 사회』, 한국능률협회, 2000, 15쪽.

29) 자크 아탈리, 편혜원·정혜원 옮김, 『21세기 사전』, 중앙M&B, 1999, 16~17쪽.

30) 권기석, 「영국 포사이트 프로그램의 특징과 시사점」, 한국산업기술재단, 2006.

31) 김성태, 「또 다른 미래를 향하여-미래예측과 미래전략」, 『자연과학』(in 서울대학교 자연대학) 제25호, 2008년 겨울호, 13~14쪽 재인용.

32) 메가트렌드(Megatrend)는 미국의 미래학자 존 나이스비트가 만든 개념으로 현대사회에서 일어나고 있는 거대한 조류를 뜻한다. 나이스비트는 메가트렌드로 탈공업화, 글로벌 경제, 분권화, 네트워크형 조직 등을 제시했다.

33) 과학기술부·한국과학기술기획평가원, 「제3회 과학기술예측조사 수정·보완」, 2008.2 참조.

34) 김성태, 「또 다른 미래를 향하여-미래예측과 미래전략」, 『자연과학』(in 서울대학교 자연대학) 제25호, 2008년 겨울호, 23~24쪽.

35) 하마다 가즈유키, 김창남 옮김, 『미래 비즈니스를 읽는다』, 비즈니스북스, 2006, 152쪽.

36) 류석상·박정은, 「유비쿼터스 사회를 읽는 시나리오 기법 현황과 과제」, 한국전산원 u-전략팀.

37) 김경훈, 『트렌드 워칭: 미래를 읽는 9가지 기술』, 한국트렌드연구소, 2005, 115쪽.

38) 에릭 갈랜드, 손민중 옮김,『미래를 읽는 기술』, 한국경제신
    문사, 2008 참조.

39) 김성태,「또 다른 미래를 향하여-미래예측과 미래전략」,『자
    연과학』(in 서울대학교 자연대학) 제25호, 2008년 겨울호,
    24~28쪽.

40) 권기헌,『미래예측학』, 법문사, 2008, 120~121쪽.

41) 위키백과사전, '미래학자'에 대한 설명 참조.

42) 하마다 가즈유키, 김창남 옮김,『미래 비즈니스를 읽는다』,
    비즈니스북스, 2006, 148~149쪽.

43) 신지은·박정훈 외,『세계적 미래학자 10인이 말하는 미래혁
    명』, 일송북, 2007, 11쪽.

참고문헌

__ 단행본

권기헌, 『미래예측학』, 법문사, 2008.

김경훈, 『트렌드 워칭: 미래를 읽는 9가지 기술』, 한국트렌드연구소, 2005.

김광웅, 『국가의 미래: 미래창조사회, 지식지도가 바뀐다』, 매일경제신문사, 2008.

데이비드 오베이슨, 이창희 옮김, 『노스트라다무스의 비밀』, 해냄, 1999.

롤프 옌센, 서정환 옮김, 『드림 소사이어티: 꿈과 감성을 파는 사회』, 한국능률협회, 2000.

박영숙, 『미래예측 리포트』, 랜덤하우스중앙, 2004.

신지은·박정훈 외, 『세계적 미래학자 10인이 말하는 미래혁명』, 일송북, 2007.

앨빈 토플러·하이디 토플러, 김중웅 옮김, 『부의 미래』, 청림출판, 2006.

에릭 갈랜드, 손민중 옮김, 『미래를 읽는 기술』, 한국경제신문사, 2008.

LG경제연구원, 『2010 대한민국 트렌드』, 한국경제신문사, 2005.

자크 아탈리, 편혜원·정혜원 옮김, 『21세기 사전』, 중앙M&B, 1999.

자크 아탈리, 양영란 옮김, 『미래의 물결』, 위즈덤하우스, 2007.

즈비그뉴 브레진스키, 김명섭 옮김, 『거대한 체스판 : 21세기 미국의 세계전략과 유라시아』, 삼인, 2000.

피터 슈워츠, 우태정·이주명 옮김, 『이미 시작된 20년 후』, 필맥, 2005.

최연구, 『노블레스 오블리주 혁명』, 한울, 2007.

하마다 가즈유키, 김창남 옮김, 『미래 비즈니스를 읽는다』, 비즈니스북스, 2005.

__ 논문 및 보고서

과학기술부·한국과학기술기획평가원, 「제3회 과학기술예측조사
　　수정보완」, 2008.2.
권기석, 「영국포사이트 프로그램의 특징과 시사점」, 한국산업기
　　술재단, 2006.
김성태, 「또 다른 미래를 향하여-미래예측과 미래전략」, 『자연과
　　학』(in 서울대학교 자연대학) 제25호, 2008년 겨울호.
류석상·박정은, 「유비쿼터스 사회를 읽는 시나리오 기법 현황과
　　과제」, 한국전산원 u-전략팀.
한국과학문화재단, 「주간과학문화」.

큰글자 살림지식총서 019

미래를 예측하는 힘

펴낸날   2012년 10월 15일

지은이   최연구
펴낸이   심만수
펴낸곳   (주)살림출판사
출판등록 1989년 11월 1일 제9-210호

경기도 파주시 문발동 522-1
전화   031)955-1350   팩스   031)955-1355
기획·편집 031)955-4662
http://www.sallimbooks.com
book@sallimbooks.com

ISBN   978-89-522-2110-0   04080

※ 이 책은 큰 글자가 읽기 편한 독자들을 위해
   글자 크기 15포인트, 4×6배판으로 제작되었습니다.